Słodki Świat Ciast

Odkryj Tajniki Wypieku i Dekorowania Ciast, Jakich Jeszcze Nie Znałeś!

Katarzyna Nowak

Zawartość

Ciasto Anioł 11
Złote ciasto maślane 13
Uniwersalna gąbka do kawy 14
Czeski biszkopt 15
Prosty piernik 16
Uniwersalny biszkopt cytrynowy 17
Cytrynowe Ciasto Szyfonowe 18
Ciasto cytrynowe 20
Ciasto cytrynowo-waniliowe 21
Ciasto Madera 22
Ciasto stokrotka 23
Ciepłe ciasto mleczne 24
Biszkopt mleczny 25
Uniwersalna gąbka mokka 26
Ciasto Muscat 27
Uniwersalna pomarańczowa gąbka 28
Ciasto naturalne 29
Hiszpański biszkopt 30
Ciasto Wiktoria 31
ubity biszkopt 32
Biszkopt Wiatrak 33
Rolada szwajcarska 35
Szwajcarska bułka z jabłkami 36
Kasztanowa rolada z koniakiem 38
Czekoladowa Szwajcarska Rolada 40

rolada cytrynowa 42

Rolada z cytryną i miodem 44

Roladka z marmoladą limonkową 46

Rolada cytrynowo-truskawkowa 48

Szwajcarska bułka z pomarańczą i migdałami 51

Szwajcarska bułka z truskawkami tyłem do siebie 54

Uniwersalne ciasto czekoladowe 56

Chleb czekoladowy i bananowy 57

Ciasto czekoladowo-migdałowe 58

Tort lodowy czekoladowo-migdałowy 59

Aniołek czekoladowy 61

Amerykańskie ciasto czekoladowe 63

Czekoladowe ciasto jabłkowe 65

Czekoladowe ciasto brownie 67

Czekoladowe ciasto maślane 69

Ciasto Migdałowo Czekoladowe 69

Ciasto z kremem czekoladowym 72

Daktylowe ciasto czekoladowe 73

Rodzinne ciasto czekoladowe 75

Diabelski tort z lukrem marshmallow 75

Wymarzone ciasto czekoladowe 78

Ciasto czekoladowe w płynie 80

Ciasto czekoladowo-orzechowe 81

Ciasto czekoladowe 83

Ciasto czekoladowe 85

Włoskie ciasto czekoladowe 87

Tort lodowy czekoladowo-orzechowy 89

Włoskie ciasto z brandy i kremem czekoladowym ... 92

czekoladowe millefeuille ... 93

Wilgotne ciasto czekoladowe ... 95

Ciasto mokka ... 96

Baba ... 97

Chrupiące Ciasto Błotne Mississippi ... 98

Ciasto czekoladowo-orzechowe ... 100

Mocno czekoladowe ciasto ... 101

Ciasto czekoladowe, orzechowe i wiśniowe ... 102

Czekoladowe ciasto rumowe ... 104

czekoladowa kanapka ... 105

Ciasto karobowo-orzechowe ... 107

Ciasto z kminkiem ... 109

Migdałowe ciasto ryżowe ... 110

ciasto piwne ... 111

Ciasto z piwem i daktylami ... 113

Ciasto Battenburg ... 115

ciasto brzoskwiniowe ... 117

Pomarańczowe ciasto marsala ... 118

Ciasto brzoskwiniowo-gruszkowe ... 120

Ciasto ananasowe ... 121

Ciasto ananasowo-wiśniowe ... 122

Natalskie ciasto ananasowe ... 123

ananas do góry nogami ... 124

Ciasto ananasowo-orzechowe ... 125

Ciasto malinowe ... 126

Ciasto rabarbarowe ... 127

Ciasto miodowo-rabarbarowe ... 128

Ciasto korzeniowe ... 129

Ciasto marchewkowo-bananowe ... 130

Ciasto marchewkowo-jabłkowe ... 131

Ciasto marchewkowo-cynamonowe ... 132

Ciasto z marchwi i cukinii ... 133

Ciasto marchewkowo-imbirowe ... 134

Ciasto marchewkowo-orzechowe ... 136

Ciasto marchewkowo-pomarańczowo-orzechowe ... 137

Ciasto marchewkowo-ananasowo-kokosowe ... 138

Ciasto marchewkowe i pistacjowe ... 139

Ciasto marchewkowo-orzechowe ... 140

Pikantne ciasto marchewkowe ... 141

Ciasto z marchwi i brązowego cukru ... 143

Ciasto z cukinii i szpiku kostnego ... 145

Ciasto z cukinii i pomarańczy ... 146

Pikantne Ciasto Cukiniowe ... 147

Ciasto dyniowe ... 149

Owocowe ciasto dyniowe ... 150

Rolada przyprawowa z dyni ... 151

Rabarbar i Piernik ... 153

Ciasto ze słodkich ziemniaków ... 154

Włoskie ciasto migdałowe ... 156

Tort z migdałami i kawą ... 157

Migdał i piernik ... 158

Ciasto migdałowo-cytrynowe ... 159

Pomarańczowe ciasto migdałowe ... 160

Bogate ciasto migdałowe 161

Szwedzki makaronik 162

chleb kokosowy 163

ciasto kokosowe 164

Złote ciasto kokosowe 165

Ciasto kokosowe 165

Ciasto kokosowo-cytrynowe 167

Noworoczne ciasto kokosowe 168

Kokosowe ciasto sułtańskie 169

Chrupiące ciasto orzechowe 170

Mieszane ciasto orzechowe 171

Greckie ciasto orzechowe 172

Ciasto Lody Orzechowe 174

Ciasto orzechowe z kremem czekoladowym 175

Ciasto miodowo-cynamonowo-orzechowe 175

Batony migdałowe i miodowe 176

Chrupiące batoniki z jabłkami i czarną porzeczką 179

Batony morelowe i owsiane 180

Morelowe chrupki 181

Batoniki Bananowo-Orzechowe 182

Amerykańskie brownie 183

Czekoladowe brownie z krówkami 184

Brownie z orzechami i czekoladą 185

Kostki masła 186

Wiśniowo-karmelowa blacha do pieczenia 187

Danie z kawałkami czekolady 188

Warstwa kruszonki cynamonowej 189

Cynamonowe Lepkie Batony 190
Batony kokosowe 191
Batony kanapkowe z dżemem kokosowym 192
Taca na daty i jabłka 193
Plasterki daty 194
Batoniki Babci 195
Batony daktylowe i owsiane 196
Batony daktylowe i orzechowe 197
Pałeczki figowe 198
Flapjacks 199
Wiśniowe Flapjacks 200
Czekoladowe Flapjacks 201
Owocowe Flapjacks 202
Placuszki owocowo-orzechowe 203
Imbirowe Flapjacks 204
Flapjacki z orzechami laskowymi 205
Kruche ciasto cytrynowe 206
Mokka i kokosowe kwadraty 207
Witaj Dolly Cookies 209
Kokosowo-czekoladowe batony orzechowe 210
Kwadratowe orzechy laskowe 211
Pomarańczowe Pekan Plasterki 212
Parking 213
batoniki z masłem orzechowym 214
Plasterki piknikowe 215
Batony ananasowo-kokosowe 216
Ciasto śliwkowe 217

Ciasto Anioł

Tworzy ciasto o średnicy 23 cm

75 g/3 oz/¾ szklanki mąki pszennej (uniwersalnej)

25 g / 1 uncja / 2 łyżki mąki kukurydzianej (skrobia kukurydziana)

Szczypta soli

225 g/8 uncji/1 szklanka cukru pudru (bardzo drobny)

10 białek jaj

1 łyżka soku z cytryny

1 łyżeczka kremu z kamienia nazębnego

1 łyżeczka esencji waniliowej (ekstraktu)

Wymieszaj mąkę i sól z jedną czwartą cukru i dobrze przesiej. Połowę białek ubić z połową soku z cytryny na puszystą masę. Dodaj połowę kremu z kamienia nazębnego i łyżeczkę cukru i ubijaj, aż powstanie sztywna piana. Powtórzyć z pozostałymi białkami, a następnie złożyć je razem i stopniowo dodawać pozostały cukier i esencję waniliową. Bardzo stopniowo dodawać mąkę do ubitych białek. Wlać do wysmarowanej tłuszczem tortownicy o średnicy 9 cm/23 cm i piec w nagrzanym do 180°C piekarniku z termostatem 4 przez 45 minut, aż będzie stwardniały w dotyku. Wyjmij formę na metalową kratkę i pozwól jej ostygnąć przed wyjęciem.

Ubij śmietanę, aż będzie sztywna. Połowę ciasta rozsmarować na jednym z ciast, na wierzchu ułożyć jeżyny i przykryć resztą kremu. Przykryć drugim ciastem i podawać.

Złote ciasto maślane

Tworzy ciasto o średnicy 23 cm

8 uncji / 1 szklanka masła lub margaryny, zmiękczona

450 g/1 lb/2 szklanki cukru pudru (bardzo drobny)

5 jaj, oddzielone

8 uncji / 1 szklanka jogurtu naturalnego

400g/14oz/3½ szklanki mąki pszennej (uniwersalnej)

10 ml / 2 łyżeczki proszku do pieczenia

Szczypta soli

Masło lub margarynę utrzeć z cukrem na jasną i puszystą masę. Stopniowo dodawaj żółtka i jogurt, a następnie mąkę, proszek do pieczenia i sól. Białka ubij na sztywną pianę, a następnie ostrożnie wymieszaj je z masą metalową łyżką. Wlać do wysmarowanej tłuszczem tortownicy o średnicy 9 cm/23 cm (formy) i piec w nagrzanym do 180°C piekarniku z termostatem 4 przez 45 minut, aż będą złociste i miękkie w dotyku. Pozostaw do ostygnięcia na patelni przez 10 minut, a następnie wyjmij na metalową podstawkę, aby dokończyć studzenie.

Uniwersalna gąbka do kawy

Tworzy ciasto 8 "/20 cm

100g/4oz/½ szklanki masła lub margaryny, zmiękczonej

100g/4oz/½ szklanki cukru pudru (bardzo drobny)

100 g/4 uncje/1 szklanka samorosnącej (samorosnącej) mąki

2,5 ml/½ łyżeczki proszku do pieczenia

15 ml/1 łyżka kawy rozpuszczalnej w proszku rozpuszczonej w 10 ml/2 łyżki ciepłej wody

2 jajka

Wymieszaj wszystkie składniki razem, aż dobrze się połączą. Wlać do wysmarowanej tłuszczem i wyłożonej papierem tortownicy o średnicy 20 cm i piec w nagrzanym piekarniku do 180°C/termostatu 4 przez 30 minut, aż ciasto dobrze wyrośnie i nie będzie sprężyste.

Czeski biszkopt

Ciasto o wymiarach 10 x 6"/15 x 25 cm

350g/12oz/3 szklanki mąki pszennej (uniwersalnej)

2/3 szklanki/100 g cukru pudru (cukierniczego), przesianego

100g/4oz/1 szklanka mielonych orzechów laskowych lub migdałów

15 ml/1 łyżka proszku do pieczenia

150 ml/¼ pt./2/3 szklanki mleka

2 jajka, lekko ubite

8 uncji / 1 szklanka oleju słonecznikowego

225 g/8 uncji świeżych owoców

Na glazurę:

400 ml/14 uncji/1¾ szklanki soku owocowego

20 ml/4 łyżeczki maranta

Suche składniki wymieszać ze sobą. Wymieszaj mleko, jajko i olej i dodaj do mieszanki. Wlać do wysmarowanej tłuszczem tortownicy o wymiarach 15 x 25 cm/6 x 10 i piec w piekarniku nagrzanym do 180°C/termostat 4 przez ok. 35 minut, aż stężeje. Ostudzić. Owoce ułożyć na spodzie biszkoptu. Zagotować razem sok owocowy i maranta, mieszając, aż zgęstnieje, a następnie polać glazurą wierzch ciasta.

Prosty piernik

Tworzy ciasto 8 "/20 cm

100g/4oz/½ szklanki masła lub margaryny, zmiękczonej

25g/1 uncja/2 łyżki cukru pudru (bardzo drobny)

60 ml/4 łyżeczki czystego miodu

2 jajka, lekko ubite

175 g/6 uncji/1½ szklanki mąki samorosnącej (samorosnącej)

2,5 ml/½ łyżeczki proszku do pieczenia

5 ml/1 łyżeczka. mielony cynamon

15 ml/1 łyżka wody

Ubij wszystkie składniki razem, aż będą gładkie. Wlać do wysmarowanej tłuszczem i wysypanej bułką tartą tortownicy o średnicy 20 cm i piec w piekarniku nagrzanym do 190°C/termostat 5 przez 30 minut, aż ciasto dobrze wyrośnie i nie będzie sprężyste.

Uniwersalny biszkopt cytrynowy

Tworzy ciasto 8 "/20 cm

100g/4oz/½ szklanki masła lub margaryny, zmiękczonej

100g/4oz/½ szklanki cukru pudru (bardzo drobny)

100 g/4 uncje/1 szklanka samorosnącej (samorosnącej) mąki

2,5 ml/½ łyżeczki proszku do pieczenia

Skórka otarta z 1 cytryny

15 ml / 1 łyżka soku z cytryny

2 jajka

Wymieszaj wszystkie składniki razem, aż dobrze się połączą. Wlać do wysmarowanej tłuszczem i wyłożonej papierem tortownicy o średnicy 20 cm i piec w nagrzanym piekarniku do 180°C/termostatu 4 przez 30 minut, aż ciasto dobrze wyrośnie i nie będzie sprężyste.

Cytrynowe Ciasto Szyfonowe

Tworzy ciasto 10 "/25 cm

225 g/8 uncji/2 szklanki mąki samorosnącej (samorosnącej)

15 ml/1 łyżka proszku do pieczenia

5 ml/1 łyżeczka soli

350g/12 uncji/1½ szklanki cukru pudru (bardzo drobny)

7 jaj, oddzielone

120 ml/4 fl oz/½ szklanki oleju

6 uncji/¾ szklanki wody

10 ml/2 łyżki. skórka otarta z cytryny

5ml/1 łyżeczka esencji waniliowej (ekstrakt)

2,5 ml/½ łyżeczki kremu z kamienia nazębnego

Wymieszaj mąkę, proszek do pieczenia, sól i cukier i zrób w środku zagłębienie. Wymieszaj żółtka, olej, wodę, skórkę z cytryny i esencję waniliową i wymieszaj z suchymi składnikami. Białka i krem z kamienia nazębnego ubij razem na sztywną pianę. Wymieszaj ciasto. Wlać do nienatłuszczonej tortownicy o średnicy 25 cm i piec w nagrzanym piekarniku w temperaturze

160°C/325°F/termostat 3 przez 1 godzinę. Wyłącz piekarnik, ale zostaw ciasto jeszcze na 8 minut. Wyjąć z piekarnika i ponownie przełożyć na metalową kratkę, aby dokończyć chłodzenie.

Ciasto cytrynowe

Robi ciasto 900g/2lb

100g/4oz/½ szklanki masła lub margaryny, zmiękczonej

175g/6 uncji/¾ szklanki cukru pudru (bardzo drobny)

2 jajka, lekko ubite

175 g/6 uncji/1½ szklanki mąki samorosnącej (samorosnącej)

60 ml/4 łyżki mleka

Skórka otarta z 1 cytryny

Na syrop:

60 ml/4 łyżeczki cukru pudru (cukierniczego), przesianego

45 ml/3 łyżki soku z cytryny

Masło lub margarynę utrzeć z cukrem na jasną i puszystą masę. Stopniowo dodawać jajka, następnie mąkę, mleko i skórkę z cytryny i miksować do uzyskania gładkiej konsystencji. Wlać do wysmarowanej tłuszczem i wysypanej bułką tartą formy (900 g) i piec w piekarniku nagrzanym do 180°C/termostat 4 przez 45 minut, aż stanie się sprężysty w dotyku.

Wymieszaj cukier puder i sok z cytryny i polej ciasto zaraz po wyjęciu z piekarnika. Pozostaw do ostygnięcia w misce.

Ciasto cytrynowo-waniliowe

Robi ciasto 900g/2lb

8 uncji / 1 szklanka masła lub margaryny, zmiękczona

450 g/1 lb/2 szklanki cukru pudru (bardzo drobny)

4 jajka, oddzielone

350g/12oz/3 szklanki mąki pszennej (uniwersalnej)

10 ml / 2 łyżeczki proszku do pieczenia

200 ml/7 uncji/mała 1 szklanka mleka

2,5 ml/½ łyżeczki esencji cytrynowej (ekstraktu)

2,5 ml/½ łyżeczki esencji waniliowej (ekstraktu)

Masło wymieszać z cukrem, dodać żółtka, na przemian z mlekiem dodawać mąkę i proszek do pieczenia. Dodaj esencję cytrynową i waniliową. Ubij białka, aż utworzą miękkie szczyty, a następnie delikatnie wmieszaj je do masy. Wlać do wysmarowanej tłuszczem formy (900g/2lb) i piec w nagrzanym piekarniku w 150°C/300°F/termostat 2 przez 1¼ godziny, aż będzie złocistobrązowy i miękki w dotyku.

Ciasto Madera

Tworzy ciasto 7 "/18 cm

6 uncji/¾ szklanki/175 g masła lub margaryny, miękkiej

175g/6 uncji/¾ szklanki cukru pudru (bardzo drobny)

3 duże jajka

150 g/5 uncji/1¼ szklanki mąki samorosnącej (samorosnącej)

100g/4oz/1 szklanka mąki pszennej (uniwersalnej)

Szczypta soli

Skórka otarta i sok z ½ cytryny

Masło lub margarynę utrzyj razem z cukrem, aż będą jasne i miękkie. Dodaj jajka jedno po drugim, dobrze ubijając po każdym dodaniu. Resztę składników wymieszać. Wlać do natłuszczonej i wysypanej bułką tartą tortownicy o średnicy 18 cm/7 i wyrównać powierzchnię. Piec w nagrzanym piekarniku w temperaturze 160°C/325°F/termostat 3 przez 1 do 1 ¼ godziny, aż będą złociste i miękkie w dotyku. Pozostaw do ostygnięcia na patelni przez 5 minut przed wyjęciem na metalową podstawkę, aby zakończyć chłodzenie.

Ciasto stokrotka

Tworzy ciasto 8 "/20 cm

4 jajka, oddzielone

15 ml/1 łyżka cukru trzcinowego (bardzo drobnego)

175 g/6 uncji/1½ szklanki zwykłej mąki (uniwersalnej)

100 g/4 oz/1 szklanka mąki ziemniaczanej

2,5 ml/½ łyżeczki esencji waniliowej (ekstraktu)

1 uncja/3 łyżki/25 g cukru pudru, przesianego

Ubij żółtka i cukier razem, aż będą jasne i kremowe. Stopniowo dodawać mąkę, skrobię ziemniaczaną i esencję waniliową. Białka ubić na sztywną pianę i wmieszać do masy. Wlać mieszaninę do wysmarowanej tłuszczem i wysypanej bułką tartą formy o średnicy 20 cm/8 i piec w nagrzanym piekarniku w temperaturze 200°C/400°F/termostat 6 tylko przez 5 minut. Wyjmij ciasto z piekarnika i ostrym nożem zrób na wierzchu krzyżyk i jak najszybciej włóż z powrotem do piekarnika i piecz jeszcze 5 minut. Zmniejsz temperaturę piekarnika do 180°C/350°F/termostat 4 i piecz przez kolejne 25 minut, aż wyrosną i będą złocistobrązowe. Odstaw do ostygnięcia, a następnie podawaj posypane cukrem pudrem.

Ciepłe ciasto mleczne

Tworzy ciasto o średnicy 23 cm

4 jajka, lekko ubite

5ml/1 łyżeczka esencji waniliowej (ekstrakt)

450 g/1 lb/2 szklanki cukru pudru

225 g/8 uncji/2 szklanki mąki samorosnącej (samorosnącej)

10 ml / 2 łyżeczki proszku do pieczenia

2,5 ml / ½ łyżeczki soli

250 ml/8 uncji/1 szklanka mleka

25 g/1 uncja/2 łyżki masła lub margaryny

Jajka, esencję waniliową i cukier ubić razem na jasną i puszystą masę. Stopniowo dodawać mąkę, proszek do pieczenia i sól. Doprowadzić mleko i masło lub margarynę do wrzenia w małym rondlu, następnie wymieszać mieszaninę i dobrze wymieszać. Wlać do natłuszczonej i posypanej mąką tortownicy o średnicy 9 cm/23 cm i piec w nagrzanym piekarniku do 180°C/350°F/termostat 4 przez 40 minut, aż będą złociste i miękkie w dotyku.

Biszkopt mleczny

Tworzy ciasto 8 "/20 cm

150 ml/¼ pt./2/3 szklanki mleka

3 jajka

175g/6 uncji/¾ szklanki cukru pudru (bardzo drobny)

5 ml/1 łyżeczka soku z cytryny

350g/12oz/3 szklanki mąki pszennej (uniwersalnej)

5ml/1 łyżeczka proszku do pieczenia

Mleko podgrzej w rondelku. Ubij jajka w misce, aż będą gęste i kremowe, następnie dodaj cukier i sok z cytryny. Przesiej mąkę i proszek do pieczenia, a następnie stopniowo mieszaj z ciepłym mlekiem, aż będzie gładkie. Wlać do wysmarowanej tłuszczem 20-centymetrowej formy (blachy) i piec w nagrzanym piekarniku do 180°C/termostatu 4 przez 20 minut, aż dobrze wyrośnie i będzie sprężysty w dotyku.

Uniwersalna gąbka mokka

Tworzy ciasto 8 "/20 cm

100g/4oz/½ szklanki masła lub margaryny, zmiękczonej

100g/4oz/½ szklanki cukru pudru (bardzo drobny)

100 g/4 uncje/1 szklanka samorosnącej (samorosnącej) mąki

2,5 ml/½ łyżeczki proszku do pieczenia

15 ml/1 łyżka kawy rozpuszczalnej w proszku rozpuszczonej w 10 ml/2 łyżki ciepłej wody

15 ml/1 łyżka kakao w proszku (niesłodzona czekolada)

2 jajka

Wymieszaj wszystkie składniki razem, aż dobrze się połączą. Wlać do wysmarowanej tłuszczem i wyłożonej papierem tortownicy o średnicy 20 cm i piec w nagrzanym piekarniku do 180°C/termostatu 4 przez 30 minut, aż ciasto dobrze wyrośnie i nie będzie sprężyste.

Ciasto Muscat

Tworzy ciasto 7 "/18 cm

6 uncji/¾ szklanki/175 g masła lub margaryny, miękkiej

175g/6 uncji/¾ szklanki cukru pudru (bardzo drobny)

3 jajka

30 ml/2 łyżki. słodkie wino Moscatel

225 g/8 uncji/2 szklanki mąki pszennej (uniwersalnej)

10 ml / 2 łyżeczki proszku do pieczenia

Masło lub margarynę utrzeć z cukrem na jasną i puszystą masę, następnie stopniowo dodawać jajka i wino. Dodać mąkę i proszek do pieczenia i miksować na gładką masę. Wlać do wysmarowanej tłuszczem i wysypanej bułką tartą formy o średnicy 7 cm/18 cm i piec w piekarniku nagrzanym do 180°C/350°F/termostat 4 przez 1¼ godziny, aż będą złociste i miękkie w dotyku. Pozostaw do ostygnięcia na patelni przez 5 minut, a następnie wyjmij na metalową podstawkę, aby dokończyć studzenie.

Uniwersalna pomarańczowa gąbka

Tworzy ciasto 8 "/20 cm

100g/4oz/½ szklanki masła lub margaryny, zmiękczonej

100g/4oz/½ szklanki cukru pudru (bardzo drobny)

100 g/4 uncje/1 szklanka samorosnącej (samorosnącej) mąki

2,5 ml/½ łyżeczki proszku do pieczenia

Skórka otarta z 1 pomarańczy

15 ml/1 łyżka soku pomarańczowego

2 jajka

Wymieszaj wszystkie składniki razem, aż dobrze się połączą. Wlać do wysmarowanej tłuszczem i wyłożonej papierem tortownicy o średnicy 20 cm i piec w nagrzanym piekarniku do 180°C/termostatu 4 przez 30 minut, aż ciasto dobrze wyrośnie i nie będzie sprężyste.

Ciasto naturalne

Tworzy ciasto o średnicy 23 cm

2 uncje/¼ szklanki/50 g masła lub margaryny

225 g/8 uncji/2 szklanki mąki pszennej (uniwersalnej)

2,5 ml / ½ łyżeczki soli

15 ml/1 łyżka proszku do pieczenia

30 ml/2 łyżki cukru trzcinowego (bardzo drobnego)

250 ml/8 uncji/1 szklanka mleka

Masło lub margarynę rozetrzeć z mąką, solą i proszkiem do pieczenia, aż masa będzie przypominała bułkę tartą. Dodaj cukier, stopniowo dodawaj mleko i mieszaj do uzyskania gładkiej konsystencji. Delikatnie przełożyć do wysmarowanej tłuszczem tortownicy o średnicy 9 cm/23 cm i piec w piekarniku nagrzanym do 160°C/termostat 3 przez ok. 30 minut, aż będą lekko złote.

Hiszpański biszkopt

Tworzy ciasto o średnicy 23 cm

4 jajka, oddzielone

100 g/1/2 szklanki cukru pudru

Skórka otarta z ½ cytryny

25 g/1 uncja/¼ szklanki mąki kukurydzianej

25 g/1 uncja/¼ szklanki mąki pszennej (uniwersalnej)

30 ml/2 łyżki cukru pudru, przesianego

Żółtka, cukier i skórkę z cytryny ubić na jasną i puszystą masę. Stopniowo dodawaj mąkę kukurydzianą i mąkę.Ubij białka na sztywną pianę, a następnie wmieszaj je do ciasta. Wlać mieszaninę do wysmarowanej tłuszczem kwadratowej formy o wymiarach 9/23 cm i piec w nagrzanym piekarniku w temperaturze 220°C/425°F/termostat 7 przez 6 minut. Natychmiast wyjąć z formy i pozostawić do ostygnięcia. Podawać posypane cukrem pudrem.

Ciasto Wiktoria

Ciasto na 7"/23 cm

6 uncji/¾ szklanki/175 g masła lub margaryny, miękkiej

¾ szklanki/6 uncji/175 g cukru pudru (bardzo drobnego) plus dodatkowo do suszenia

3 ubite jajka

175 g/6 uncji/1½ szklanki mąki samorosnącej (samorosnącej)

60 ml/4 łyżeczki dżemu truskawkowego (rezerwa)

Masło lub margarynę utrzeć do miękkości, a następnie utrzeć z cukrem na jasną i puszystą masę. Stopniowo dodawaj jajka, a następnie mąkę. Podziel mieszaninę równomiernie między dwie natłuszczone i wyłożone blachami do kanapek o średnicy 7 cm/18 cm. Piec w nagrzanym piekarniku w temperaturze 190°C/375°F/termostat 5 przez ok. 20 minut, aż wyrośnie i będzie miękkie w dotyku. Wyjąć na metalową kratkę do ostygnięcia, ułożyć z dżemem i posypać cukrem.

ubity biszkopt

Tworzy ciasto 8 "/20 cm

2 jajka

75 g/3 oz/1/3 szklanki cukru pudru (bardzo drobny)

50g/2oz/½ szklanki mąki pszennej (uniwersalnej)

120 ml/4 fl oz/½ szklanki podwójnej (gęstej) śmietany, ubitej

45ml/3 łyżki. łyżka konfitury malinowej (rezerwa)

Flormelis (wyroby cukiernicze), przesiane

Ubijaj jajka i cukier przez co najmniej 5 minut, aż staną się białe. Dodać mąkę, wlać do wysmarowanej tłuszczem i wyłożonej papierem formy do kanapek 8/20 cm i piec w piekarniku nagrzanym do 190°C/termostat 5 przez 20 minut, aż będą sprężyste w dotyku. Pozostawić do ostygnięcia na stojaku z drutu.

Przekrój ciasto poziomo na pół i połóż dwie połówki ze śmietaną i dżemem. Po wierzchu posypać cukrem pudrem.

Biszkopt Wiatrak

Tworzy ciasto 8"/20 cm

Na ciasto:

175 g/6 uncji/1½ szklanki mąki samorosnącej (samorosnącej)

5ml/1 łyżeczka proszku do pieczenia

6 uncji/¾ szklanki/175 g masła lub margaryny, miękkiej

175g/6 uncji/¾ szklanki cukru pudru (bardzo drobny)

3 jajka

5ml/1 łyżeczka esencji waniliowej (ekstrakt)

Na polewę (glazurę):

100g/4oz/½ szklanki masła lub margaryny, zmiękczonej

175 g/6 uncji/1 szklanka cukru pudru (dla cukierników), przesianego

75 ml/5 łyżek. łyżka dżemu truskawkowego (rezerwa)

Gałązki cukru i kilka plasterków kandyzowanej pomarańczy i cytryny (kandyzowanej) do dekoracji

Wszystkie składniki ciasta miksujemy na gładką masę. Podzielić na dwie natłuszczone i wyłożone foremki o średnicy 20 cm i piec w piekarniku nagrzanym do 160°C/325°F/termostat 3 przez 20 minut, aż będą złociste i miękkie w dotyku. Pozostaw do ostygnięcia na 5 minut w foremkach, a następnie wyjmij na metalową podstawkę, aby dokończyć studzenie.

Aby zrobić polewę, utrzyj masło lub margarynę z cukrem pudrem, aż uzyska konsystencję nadającą się do smarowania. Na wierzchu jednego ciasta rozsmarować dżem, następnie rozsmarować połowę lukru i ułożyć na nim drugie ciasto. Rozłóż pozostały lukier na wierzchu ciasta i wygładź szpatułką. Wytnij koło z papieru pergaminowego (woskowanego) o średnicy 8 cali/20 cm i złóż je na 8 części. Pozostaw małe kółko pośrodku, aby trzymać papier razem, wytnij naprzemienne segmenty i umieść papier na torcie jako szablon. odsłonięte części gałązkami cukru, następnie zdejmij papier i ułóż plastry pomarańczy i cytryny w ładny wzór na nieozdobionych częściach.

Rolada szwajcarska

Zrób rolkę 20 cm

3 jajka

75 g/3 oz/1/3 szklanki cukru pudru (bardzo drobny)

75 g/3 uncji/¾ szklanki mąki samorosnącej (samorosnącej)

Cukier puder (bardzo drobny) do posypania

75 ml/5 łyżek. łyżka konfitury malinowej (rezerwa)

Jajka i cukier ubijać razem przez około 10 minut, aż masa będzie bardzo jasna i gęsta, a z ubijaka zacznie spływać wstążkami. Wymieszaj mąkę i wlej do natłuszczonej i wyłożonej papierem do pieczenia tortownicy Swiss Roll o wymiarach 30 x 20 cm/12 x 8. Piec w nagrzanym piekarniku w temperaturze 200°C/400°F/termostat 4 przez 10 minut, aż urośnie i stwardnieje w dotyku. Czystą ściereczkę kuchenną (torchon) posyp cukrem pudrem i obróć ciasto na ściereczce. Usuń papier podszewkowy, przytnij krawędzie i przesuwając nóż około 1 cala od krótszej krawędzi, odetnij połowę ciasta. Zroluj ciasto od przeciętej krawędzi. Ostudzić.

Rozwiń ciasto i posmaruj dżemem, a następnie zwiń ponownie i podawaj posypane cukrem pudrem.

Szwajcarska bułka z jabłkami

Zrób rolkę 20 cm

100g/4oz/1 szklanka mąki pszennej (uniwersalnej)

5ml/1 łyżeczka proszku do pieczenia

Szczypta soli

225 g/8 uncji/1 szklanka cukru pudru (bardzo drobny)

3 jajka

5ml/1 łyżeczka esencji waniliowej (ekstrakt)

45ml/3 łyżki zimnej wody

Flormelis (wyroby cukiernicze), przesiane, do suszenia

100 g/1 szklanka dżemu jabłkowego (przejrzysty z puszki)

Wymieszaj mąkę, proszek do pieczenia, sól i cukier, a następnie wymieszaj jajko i esencję waniliową, aż będą gładkie. Wymieszaj z wodą. Wlej mieszaninę do wysmarowanej tłuszczem i posypanej mąką formy o wymiarach 30 x 20 cm/12 x 8 i piecz w nagrzanym piekarniku w temperaturze 190°C/375°F/termostat 5 przez 20 minut, aż będzie sprężysta w dotyku. Posyp czystą ściereczkę (torchon) cukrem pudrem i obróć ciasto na ściereczce. Usuń papier podszewkowy, przytnij krawędzie i przesuwając nóż około 1 cala od krótszej krawędzi, odetnij połowę ciasta. Zroluj ciasto od przeciętej krawędzi. Ostudzić.

Rozwałkuj ciasto i posmaruj dżemem jabłkowym prawie po brzegi. Zroluj ponownie i posyp cukrem pudrem do podania.

Kasztanowa rolada z koniakiem

Zrób rolkę 20 cm

3 jajka

100g/4oz/½ szklanki cukru pudru (bardzo drobny)

100g/4oz/1 szklanka mąki pszennej (uniwersalnej)

30ml/2 łyżki koniaku

Cukier puder (bardzo drobny) do posypania

Do dekoracji i dekoracji:

½ pt/1¼ szklanki/300 ml śmietanki kremówki (gęstej)

15 ml/1 łyżka cukru trzcinowego (bardzo drobnego)

250g/9 uncji/1 duża puszka puree z kasztanów

175 g/1½ szklanki zwykłej czekolady (półsłodkiej)

15 g/½ uncji/1 łyżka. łyżka masła lub margaryny

30ml/2 łyżki koniaku

Jajka i cukier ubić razem na jasną i gęstą masę. Ostrożnie wymieszaj mąkę i koniak metalową łyżką. Wlać do wysmarowanej tłuszczem i wyłożonej papierem do pieczenia formy o wymiarach 30 x 20 cm/12 x 8 (forma do pieczenia) i piec w nagrzanym piekarniku w temperaturze 220°C/termostat 7 przez 12 minut. Połóż czystą ściereczkę na blacie, przykryj kawałkiem papieru do pieczenia (woskowanego) i posyp cukrem pudrem. Przełóż ciasto na papier. Usuń papier podszewkowy, przytnij krawędzie i przesuwając nóż około 1 cala od krótszej krawędzi, odetnij połowę ciasta. Zroluj ciasto od przeciętej krawędzi. Ostudzić.

Aby zrobić nadzienie, ubij śmietankę z cukrem na sztywną pianę.
Przesiej purée z kasztanów, a następnie ubij, aż będzie gładkie.
Dodaj połowę śmietany do puree z kasztanów. Rozwałkuj ciasto i rozsmaruj puree z kasztanów na powierzchni, a następnie ponownie zwiń ciasto. Rozpuścić czekoladę z masłem lub margaryną i koniakiem w żaroodpornej misce ustawionej na garnku z wrzącą wodą. Rozsmarować na cieście i rozerwać wzory widelcem.

Czekoladowa Szwajcarska Rolada

Zrób rolkę 20 cm

3 jajka

75 g/3 oz/1/3 szklanki cukru pudru (bardzo drobny)

50 g/2 oz/½ szklanki samorosnącej mąki (samorosnącej)

25 g/1 uncja/¼ szklanki kakao (niesłodzonej czekolady) w proszku

Cukier puder (bardzo drobny) do posypania

120 ml/4 fl oz/½ szklanki śmietanki kremówki (gęstej)

Lukier (do wyrobów cukierniczych) do posypania

Jajka i cukier ubijać razem przez około 10 minut, aż masa będzie bardzo jasna i gęsta, a z ubijaka zacznie spływać wstążkami. Wymieszaj mąkę i kakao i wlej do wysmarowanej tłuszczem i wyłożonej papierem do pieczenia tortownicy o wymiarach 30 x 20 cm/12 x 8. Piec w nagrzanym piekarniku w temperaturze 200°C/400°F/termostat 4 przez 10 minut, aż wyrośnie i stwardnieje. Czystą ściereczkę kuchenną (torchon) posyp cukrem pudrem i obróć ciasto na ściereczce. Usuń papier podszewkowy, przytnij krawędzie i przesuwając nóż około 1 cala od krótszej krawędzi, odetnij połowę ciasta. Zroluj ciasto od przeciętej krawędzi. Ostudzić.

Ubij śmietanę, aż będzie sztywna. Rozwiń ciasto i posmaruj kremem, a następnie zwiń ponownie i podawaj posypane cukrem pudrem.

rolada cytrynowa

Zrób rolkę 20 cm

75 g / 3 uncje / ¾ szklanki mąki samorosnącej (samorosnącej)

5ml/1 łyżeczka proszku do pieczenia

Szczypta soli

1 jajko

175g/6 uncji/¾ szklanki cukru pudru (bardzo drobny)

15 ml/1 łyżka oleju

5 ml/1 łyżeczka. esencja cytrynowa (ekstrakt)

6 białek jaj

2 uncje/50 g/1⁄3 szklanki cukru pudru (dla cukierników), przesianego

75 ml/5 łyżek. twarożek cytrynowy

½ pt/1¼ szklanki/300 ml śmietanki kremówki (gęstej)

10 ml/2 łyżki. skórka otarta z cytryny

Wymieszaj mąkę, proszek do pieczenia i sól. Ubij jajka, aż będą gęste i nabiorą koloru cytryny, a następnie powoli ubij 2 uncje/50 g/¼ szklanki cukru pudru, aż będą jasne i kremowe. Wymieszaj olej i skórkę z cytryny. W czystej misce ubij białka na sztywną pianę, a następnie stopniowo dodawaj pozostały cukier puder, aż piana będzie sztywna. Białka połączyć z olejem, następnie wymieszać z mąką. Wlać do wysmarowanej tłuszczem i wyłożonej papierem do pieczenia tortownicy o wymiarach 30 x 20 cm/12 x 8 w formie sprężynowej (forma do pieczenia) i piec w nagrzanym piekarniku w temp. 190°C/375 °F/termostat 5 przez 10 minut, aż stanie się elastyczny w dotyku. Przykryj czysty ręcznik kawałkiem pergaminu (woskowanego) i posyp cukrem pudrem, a następnie przewróć ciasto na ściereczkę. Usuń papier podszewkowy, przytnij krawędzie i przesuwając nóż około 1 cala od krótszej krawędzi, odetnij połowę ciasta. Zroluj ciasto od przeciętej krawędzi. Ostudzić.

Rozwałkuj ciasto i posmaruj kremem cytrynowym. Śmietanę ubić na sztywną pianę, dodać skórkę z cytryny, posmarować kremem cytrynowym i ponownie rozwałkować ciasto. Schłodzić przed podaniem.

Rolada z cytryną i miodem

Zrób rolkę 20 cm

3 jajka

75 g/3 oz/1/3 szklanki cukru pudru (bardzo drobny)

Skórka otarta z 1 cytryny

75 g/3 oz/¾ szklanki mąki pszennej (uniwersalnej)

Szczypta soli

Cukier puder (bardzo drobny) do posypania Do nadzienia:

175 g/6 uncji/¾ szklanki sera śmietankowego

30 ml/2 łyżki jasnego miodu

Flormelis (wyroby cukiernicze), przesiane, do suszenia

Ubij jajka, cukier i skórkę z cytryny w żaroodpornej misce ustawionej nad garnkiem z gotującą się wodą, aż masa będzie gęsta i pienista, a z ubijaka zacznie wypływać wstążkami. Zdjąć z ognia i ubijać przez 3 minuty, następnie wymieszać mąkę i sól. Wlać do wysmarowanej tłuszczem i wyłożonej papierem do pieczenia formy 30 x 20 cm/12 x 8 w szwajcarskiej formie do chleba (blacha do pieczenia) i piec w nagrzanym do 200°C C/400° F/termostat 6 piekarnika, aż zestalą się, złociste i sprężyste w dotyku. . Przykryj czysty ręcznik papierowy pergaminem (woskowanym) i posyp cukrem pudrem, a następnie odwróć ciasto na ręcznik papierowy. Usuń papier podszewkowy, przytnij krawędzie i przesuwając nóż około 1 cala od krótszej krawędzi, odetnij połowę ciasta. Zroluj ciasto od przeciętej krawędzi. Ostudzić.

Ser śmietankowy wymieszać z miodem. Ciasto rozwałkować, posmarować nadzieniem, następnie ponownie rozwałkować i posypać cukrem pudrem.

Roladka z marmoladą limonkową

Zrób rolkę 20 cm

3 jajka

175g/6 uncji/¾ szklanki cukru pudru (bardzo drobny)

45 ml/3 łyżki wody

5ml/1 łyżeczka esencji waniliowej (ekstrakt)

75 g/3 oz/¾ szklanki mąki pszennej (uniwersalnej)

5ml/1 łyżeczka proszku do pieczenia

Szczypta soli

25 g/1 uncja/¼ szklanki mielonych migdałów

Cukier puder (bardzo drobny) do posypania

60 ml/4 łyżeczki marmolady limonkowej

¼ pt/2/3 szklanki/150 ml podwójnej (ciężkiej) śmietany, ubitej

Ubij jajka, aż będą jasne i gęste, następnie stopniowo dodawaj cukier, wodę i esencję waniliową. Wymieszaj mąkę, proszek do pieczenia, sól i mielone migdały i ubij na gładką masę. Wlać do wysmarowanej tłuszczem i wyłożonej papierem do pieczenia tortownicy o wymiarach 30 x 20 cm/12 x 8 w formie do chleba szwajcarskiego (forma do pieczenia) i piec w nagrzanym piekarniku w temperaturze 180°C/350°F/termostat 4 przez 12 minut, aż się zarumienią. jest elastyczny w dotyku. Posyp czystą ściereczkę (torchon) cukrem i przewróć gorące ciasto na ściereczkę. Usuń papier podszewkowy, przytnij krawędzie i przesuwając nóż około 1 cala od krótszej krawędzi, odetnij połowę ciasta. Zroluj ciasto od przeciętej krawędzi. Ostudzić.

Rozwałkuj ciasto i posmaruj dżemem i śmietaną. Zroluj ponownie i posyp odrobiną cukru pudru.

Rolada cytrynowo-truskawkowa

Zrób rolkę 20 cm

Do nadzienia:

30 ml/2 łyżki skrobi kukurydzianej (skrobi kukurydzianej)

75 g/3 oz/1⁄3 szklanki cukru pudru (bardzo drobny)

120 ml/4 fl oz/½ szklanki soku jabłkowego

120 ml/4 fl oz/½ szklanki soku z cytryny

2 lekko ubite żółtka

10 ml/2 łyżki. skórka otarta z cytryny

15 ml/1 łyżka masła

Na ciasto:

3 jajka, oddzielone

3 białka jaj

Szczypta soli

75 g/3 oz/1⁄3 szklanki cukru pudru (bardzo drobny)

15 ml/1 łyżka oleju

5ml/1 łyżeczka esencji waniliowej (ekstrakt)

5 ml/1 łyżeczka. skórka otarta z cytryny

50g/2oz/½ szklanki mąki pszennej (uniwersalnej)

25 g/1 uncja/¼ szklanki mąki kukurydzianej (skrobia kukurydziana)

8 uncji/225 g truskawek, pokrojonych w plasterki

Flormelis (wyroby cukiernicze), przesiane, do suszenia

Aby przygotować nadzienie, w rondelku umieść mąkę kukurydzianą i cukier, a następnie stopniowo dodawaj jabłko i sok z cytryny. Wmieszaj żółtka i skórkę z cytryny, gotuj na małym ogniu, ciągle mieszając, aż zgęstnieje. Zdjąć z ognia i wymieszać z masłem, wlać do miski, ułożyć na powierzchni krążek z pergaminu (woskowanego), odstawić do ostygnięcia, a następnie schłodzić.

Aby zrobić ciasto, ubij wszystkie białka z solą, aż utworzą się miękkie szczyty. Stopniowo dodawaj cukier, aż piana będzie sztywna i błyszcząca. Wymieszaj żółtka, olej, esencję waniliową i skórkę z cytryny. Wymieszaj łyżkę białek, a następnie wymieszaj mieszaninę żółtek z białkami. Wymieszaj mąkę i skrobię kukurydzianą; nie przesadzaj. Rozłóż masę na wysmarowanej tłuszczem, wyłożonej papierem do pieczenia i wysypanej mąką formie do bułek szwajcarskich o wymiarach 30 x 20 cm/12 x 8 (forma do pieczenia) i piecz w nagrzanym piekarniku w temperaturze 200°C/400°F/termostat 4 przez 10 minut, aż się zarumienią. Przełóż ciasto na kawałek papieru do pieczenia (woskowanego) na metalowej podstawce. Zdjąć papierową podszewkę, odciąć brzegi i przeciąć nożem ok. 5 cm od krótszej krawędzi przeciąć do połowy ciasta. Zroluj ciasto od przeciętej krawędzi. Ostudzić.

Rozwałkuj i rozłóż świeże ciasto z nadzieniem cytrynowym i ułóż truskawki na wierzchu. Roladę ponownie zwinąć razem z papierem i posypać cukrem pudrem przed podaniem.

Szwajcarska bułka z pomarańczą i migdałami

Zrób rolkę 20 cm

4 jajka, oddzielone

225 g/8 uncji/1 szklanka cukru pudru (bardzo drobny)

60 ml/4 łyżki soku pomarańczowego

150g/5 uncji/1¼ szklanki mąki pszennej (uniwersalnej)

5ml/1 łyżeczka proszku do pieczenia

Szczypta soli

5ml/1 łyżeczka esencji waniliowej (ekstrakt)

Skórka otarta z ½ pomarańczy

Cukier puder (bardzo drobny) do posypania

Do nadzienia:

2 pomarańcze

30 ml/2 łyżki sproszkowanej żelatyny

120 ml/4 fl oz/½ szklanki wody

8 uncji / 1 szklanka soku pomarańczowego

100g/4oz/½ szklanki cukru pudru (bardzo drobny)

4 żółtka

250 ml/8 fl oz/1 szklanka śmietanki kremówki (gęstej)

100 g dżemu morelowego (z puszki), przecedzonego (odsączonego)

15 ml/1 łyżka wody

100 g/1 szklanka posiekanych migdałów (pokrojonych), uprażonych

Żółtka utrzeć z cukrem pudrem i sokiem pomarańczowym na jasną i puszystą masę. Stopniowo mieszaj mąkę i proszek do pieczenia metalową łyżką. Białka i sól ubić na sztywną pianę, a następnie metalową łyżką wymieszać esencję waniliową i startą skórkę pomarańczową. Wlać do wysmarowanej masłem i wysypanej mąką tortownicy o wymiarach 30 x 20 cm/12 x 8 (blacha do pieczenia) i piec w piekarniku nagrzanym do 200°C/400°F/termostat 6 przez 10 minut, aż będzie sprężysty w dotyku. Przełożyć na czystą ściereczkę (torchon), posypaną cukrem pudrem. Zdjąć papierową podszewkę, odciąć brzegi i przeciąć nożem ok. 2,5 cm od krótszej krawędzi, przeciąć w połowie ciasta. Zroluj ciasto od przeciętej krawędzi. Ostudzić.

Aby zrobić nadzienie, zetrzyj skórkę z pomarańczy. Obierz dwie pomarańcze, usuń skórkę i błonę. Przetnij segmenty na pół i pozwól im ostygnąć. Posyp żelatynę wodą w misce i pozostaw, aż stanie się gąbczasta. Umieść miskę w garnku z gorącą wodą, aż się rozpuści. Niech ostygnie lekko. Ubij sok i skórkę pomarańczową z cukrem i żółtkami w żaroodpornej misce, umieść nad garnkiem z wrzącą wodą, aż będzie gęsty i kremowy. Zdjąć z ognia i wymieszać z żelatyną, mieszając od czasu do czasu, aż ostygnie.

Ubij śmietanę na sztywną pianę, następnie wymieszaj z miksturą i wstaw do lodówki.

Ciasto rozwałkować, posmarować kremem pomarańczowym i posypać kawałkami pomarańczy. Toczyć ponownie. Podgrzej dżem z wodą, aż dobrze się wymiesza. Ciasto posmarować i posypać prażonymi migdałami, lekko docisnąć.

Szwajcarska bułka z truskawkami tyłem do siebie

Zrób rolkę 20 cm

3 jajka

75 g/3 oz/1/3 szklanki cukru pudru (bardzo drobny)

75 g/3 uncji/¾ szklanki mąki samorosnącej (samorosnącej)

Cukier puder (bardzo drobny) do posypania

75 ml/5 łyżek. łyżka konfitury malinowej (rezerwa)

¼ szt./2/3 szklanki/150 ml śmietany kremówki do ubijania (gęstej)

100 gramów truskawek

Jajka i cukier ubijać razem przez około 10 minut, aż masa będzie bardzo jasna i gęsta, a z ubijaka zacznie spływać wstążkami. Wymieszaj mąkę i wlej do natłuszczonej i wyłożonej papierem do pieczenia tortownicy Swiss Roll o wymiarach 30 x 20 cm/12 x 8. Piec w nagrzanym piekarniku w temperaturze 200°C/400°F/termostat 4 przez 10 minut, aż urośnie i stwardnieje w dotyku. Czystą ściereczkę kuchenną (torchon) posyp cukrem pudrem i obróć ciasto na ściereczce. Usuń papier podszewkowy, przytnij krawędzie i przesuwając nóż około 1 cala od krótszej krawędzi, odetnij połowę ciasta. Zroluj ciasto od przeciętej krawędzi. Ostudzić.

Rozwiń ciasto i posmaruj dżemem, a następnie ponownie zwiń. Ciasto przekroić wzdłuż na pół i ułożyć zaokrąglone boki razem na półmisku, rozciętymi bokami na zewnątrz. Śmietanę ubijamy na sztywną pianę, po czym wylewamy ją na wierzch i boki ciasta. Pokrój lub pokrój truskawki, jeśli są duże i ułóż je dekoracyjnie na wierzchu ciasta.

Uniwersalne ciasto czekoladowe

Tworzy ciasto 8 "/20 cm

100g/4oz/½ szklanki masła lub margaryny, zmiękczonej

100g/4oz/½ szklanki cukru pudru (bardzo drobny)

100 g/4 uncje/1 szklanka samorosnącej (samorosnącej) mąki

15 ml/1 łyżka kakao w proszku (niesłodzona czekolada)

2,5 ml/½ łyżeczki proszku do pieczenia

2 jajka

Wymieszaj wszystkie składniki razem, aż dobrze się połączą. Wlać do wysmarowanej tłuszczem i wyłożonej papierem tortownicy o średnicy 20 cm i piec w nagrzanym piekarniku do 180°C/termostatu 4 przez 30 minut, aż ciasto dobrze wyrośnie i nie będzie sprężyste.

Chleb czekoladowy i bananowy

Robi bochenek 900g/2lb

2/3 szklanki/5 uncji/150 g masła lub margaryny

2/3 szklanki/5 uncji/150 g miękkiego brązowego cukru

150g/5 uncji/1¼ szklanki zwykłej czekolady (półsłodkiej)

2 banany, rozgniecione

3 ubite jajka

200g/7 uncji/1¾ szklanki mąki pszennej (uniwersalnej)

10 ml / 2 łyżeczki proszku do pieczenia

Rozpuść masło lub margarynę z cukrem i czekoladą. Zdjąć z ognia, następnie wymieszać z bananami, jajkami, mąką i proszkiem do pieczenia na gładką masę. Wlać do wysmarowanej masłem i wysypanej bułką tartą formy (900 g) i piec w piekarniku nagrzanym do 300°F/150°C/termostat 3 przez 1 godzinę, aż stanie się sprężysty w dotyku. Pozostaw do ostygnięcia na patelni przez 5 minut przed wyjęciem, aby dokończyć chłodzenie na stojaku z drutu.

Ciasto czekoladowo-migdałowe

Tworzy ciasto 8 "/20 cm

100g/4oz/½ szklanki masła lub margaryny, zmiękczonej

100g/4oz/½ szklanki cukru pudru (bardzo drobny)

2 jajka, lekko ubite

2,5 ml/½ łyżeczki. esencja migdałowa (ekstrakt)

100 g/4 uncje/1 szklanka samorosnącej (samorosnącej) mąki

25 g/1 uncja/¼ szklanki kakao (niesłodzonej czekolady) w proszku

2,5 ml/½ łyżeczki proszku do pieczenia

45ml/3 łyżki. Kruszone migdały

60 ml/4 łyżki mleka

Lukier (do wyrobów cukierniczych) do posypania

Masło lub margarynę utrzeć z cukrem na jasną i puszystą masę. Stopniowo dodawać jajka i esencję migdałową, następnie mąkę, kakao i proszek do pieczenia. Wymieszaj zmielone migdały i tyle mleka, aby uzyskać gładką konsystencję. Wlać mieszaninę do wysmarowanej tłuszczem i wysypanej mąką tortownicy o średnicy 20 cm i piec w piekarniku nagrzanym do 200°C/termostat 6 przez 15-20 minut, aż wyrośnie i będzie miękka w dotyku. Podawać posypane lukrem cukier.

Tort lodowy czekoladowo-migdałowy

Tworzy ciasto o średnicy 23 cm

225 g/8 uncji/2 szklanki zwykłej czekolady (półsłodkiej)

8 uncji / 1 szklanka masła lub margaryny, zmiękczona

225 g/8 uncji/1 szklanka cukru pudru (bardzo drobny)

5 jaj, oddzielone

225 g/8 uncji/2 szklanki mąki samorosnącej (samorosnącej)

100 g/1 szklanka mielonych migdałów

Na polewę (glazurę):

175 g/6 uncji/1 szklanka cukru pudru

25 g/1 uncja/¼ szklanki kakao (niesłodzonej czekolady) w proszku

30 ml/2 łyżki. likier z gorzkich pomarańczy

30 ml/2 łyżki wody

Zblanszowane migdały do dekoracji

Czekoladę rozpuszczamy w żaroodpornej misce nad garnkiem z gotującą się wodą. Niech ostygnie lekko. Masło lub margarynę utrzeć z cukrem na jasną i puszystą masę. Żółtka ubić na sztywno, następnie wlać roztopioną czekoladę, dodać mąkę i mielone migdały. Białka ubić na sztywną pianę, a następnie stopniowo dodawać do masy czekoladowej. Wlać do wysmarowanej masłem i wysypanej bułką tartą formy (9 cm/23 cm) i piec w piekarniku nagrzanym do 180°C/350°F/350°F/termostat 4 przez 1,5 godziny, aż dobrze wyrośnie i będzie sprężysty w dotyku. Ostudzić.

Aby zrobić polewę, wymieszaj cukier puder z kakao i zrób w środku zagłębienie. Podgrzej Cointreau i wodę, a następnie stopniowo mieszaj wystarczającą ilość płynu z cukrem pudrem, aby uzyskać glazurę do smarowania. Wygładź ciasto i wyciskaj wzór na lukier, zanim ostygnie. Udekoruj migdałami.

Aniołek czekoladowy

Robi ciasto 900g/2lb

6 białek jaj

Szczypta soli

5 ml/1 łyżeczka kremu z kamienia nazębnego

450 g/1 lb/2 szklanki cukru pudru (bardzo drobny)

2,5 ml/½ łyżeczki soku z cytryny

kilka kropli esencji waniliowej (ekstrakt)

100g/4oz/1 szklanka mąki pszennej (uniwersalnej)

50 g / 2 uncje / ½ szklanki kakao (niesłodzonej czekolady) w proszku

5ml/1 łyżeczka proszku do pieczenia

Na polewę (glazurę):

175 g/6 uncji/1 szklanka cukru pudru (dla cukierników), przesianego

5 ml/1 łyżeczka. kakao w proszku (niesłodzona czekolada)

kilka kropli esencji waniliowej (ekstrakt)

30 ml/2 łyżki mleka

Ubij białka i sól, aż utworzą się miękkie szczyty. Dodaj krem z kamienia nazębnego i ubijaj, aż będzie sztywny. Dodać cukier, sok z cytryny i esencję waniliową. Wymieszaj mąkę, kakao i proszek do pieczenia, a następnie wmieszaj do masy. Wlać do wysmarowanej tłuszczem i wysypanej bułką formy (900g/2lb) i piec w piekarniku nagrzanym do 180°C/termostat 4 przez 1 godzinę, aż się zetnie. Natychmiast wyjąć z formy i pozostawić do ostygnięcia na metalowej podstawce.

Aby zrobić lukier, wymieszaj wszystkie składniki na lukier, aż będą gładkie i stopniowo dodawaj mleko. Polewamy schłodzone ciasto.

Amerykańskie ciasto czekoladowe

Tworzy ciasto o średnicy 23 cm

175 g/6 uncji/1½ szklanki zwykłej mąki (uniwersalnej)

45 ml/3 łyżki kakao w proszku (niesłodzona czekolada)

5 ml/1 łyżeczka proszku do pieczenia (proszek do pieczenia)

225 g/8 uncji/1 szklanka cukru pudru (bardzo drobny)

75 ml/5 łyżek oleju

15 ml / 1 łyżka białego octu winnego

5ml/1 łyżeczka esencji waniliowej (ekstrakt)

250 ml/8 fl oz/1 szklanka zimnej wody

Na polewę (glazurę):

50 g serka śmietankowego

30 ml/2 łyżki. łyżka masła lub margaryny

2,5 ml/½ łyżeczki esencji waniliowej (ekstraktu)

175 g/6 uncji/1 szklanka cukru pudru (dla cukierników), przesianego

Wymieszaj suche składniki i zrób w środku zagłębienie. Wlać olej, ocet winny i esencję waniliową i dobrze wymieszać. Dodać zimną wodę i ponownie zmiksować na gładką masę. Wlać do wysmarowanej tłuszczem formy o średnicy 23 cm/9 cm i piec w nagrzanym piekarniku w temperaturze 180°C/350°F/termostat 4 przez 30 minut. Ostudzić.

Aby zrobić lukier, ubij serek śmietankowy, masło lub margarynę i esencję waniliową, aż będą lekkie i puszyste. Stopniowo mieszaj cukier puder, aż będzie gładki. Rozsmarować na wierzchu ciasta.

Czekoladowe ciasto jabłkowe

Tworzy ciasto 8 "/20 cm

2 gotowane jabłka (ciasto)

Sok cytrynowy

100g/4oz/½ szklanki masła lub margaryny, zmiękczonej

225 g/8 uncji/1 szklanka cukru pudru (bardzo drobny)

2 jajka, lekko ubite

5ml/1 łyżeczka esencji waniliowej (ekstrakt)

2¼ szklanki/9 uncji/250 g mąki pszennej (uniwersalnej)

25 g/1 uncja/¼ szklanki kakao (niesłodzonej czekolady) w proszku

5ml/1 łyżeczka proszku do pieczenia

5 ml/1 łyżeczka proszku do pieczenia (proszek do pieczenia)

150 ml/¼ pt./2/3 szklanki mleka

Na polewę (glazurę):

22/3 szklanki/1 funt/450 g cukru pudru (cukierniczego), przesianego

25 g/1 uncja/¼ szklanki kakao (niesłodzonej czekolady) w proszku

2 uncje/¼ szklanki/50 g masła lub margaryny

75 ml/5 łyżek mleka

Jabłka obrać, wydrążyć gniazda nasienne i drobno posiekać, a następnie skropić odrobiną soku z cytryny. Masło lub margarynę utrzeć z cukrem na jasną i puszystą masę. Stopniowo dodawać jajko i esencję waniliową, a następnie dodawać mąkę, kakao, proszek do pieczenia i sodę oczyszczoną na przemian z mlekiem, aż składniki dobrze się połączą. Dodać pokrojone jabłka. Wlać do wysmarowanej tłuszczem i wysypanej bułką tartą formy o średnicy 20 cm i piec w nagrzanym piekarniku do 180°C/350°F/termostat 4 przez 45 minut, aż wykałaczka wbita w środek wyjdzie sucha. Pozostaw do ostygnięcia na patelni przez 10 minut, a następnie wyjmij na metalową podstawkę, aby dokończyć studzenie.

Aby przygotować lukier, ubij razem cukier puder, kakao i masło lub margarynę, dodając tyle mleka, aby masa była gładka i kremowa. Rozsmarować na wierzchu i bokach ciasta i widelcem pokroić we wzorki.

Czekoladowe ciasto brownie

Ciasto o wymiarach 15 x 10 cali/38 x 25 cm

100g/4oz/½ szklanki masła lub margaryny

100 g smalcu (krótki)

250 ml/8 fl oz/1 szklanka wody

25 g/1 uncja/¼ szklanki kakao (niesłodzonej czekolady) w proszku

225 g/8 uncji/2 szklanki mąki pszennej (uniwersalnej)

450 g/1 lb/2 szklanki cukru pudru (bardzo drobny)

120 ml/1/2 szklanki maślanki

2 ubite jajka

5 ml/1 łyżeczka proszku do pieczenia (proszek do pieczenia)

Szczypta soli

5ml/1 łyżeczka esencji waniliowej (ekstrakt)

W małym rondelku rozpuścić masło lub margarynę, smalec, wodę i kakao. Wsyp mąkę i cukier do miski, wlej stopioną mieszaninę i dobrze wymieszaj. Dodaj pozostałe składniki i ubijaj, aż dobrze się połączą. Wlać do wysmarowanej tłuszczem i posypanej mąką formy do chleba szwajcarskiego (formy do pieczenia) i piec w nagrzanym piekarniku w temperaturze 200°C/400°F/termostat 6 przez 20 minut, aż będzie sprężysty w dotyku.

Czekoladowe ciasto maślane

Tworzy ciasto o średnicy 23 cm

225 g/8 uncji/2 szklanki mąki samorosnącej (samorosnącej)

350g/12 uncji/1½ szklanki cukru pudru (bardzo drobny)

5 ml/1 łyżeczka proszku do pieczenia (proszek do pieczenia)

2,5 ml / ½ łyżeczki soli

100g/4oz/½ szklanki masła lub margaryny

250 ml/8 uncji/1 szklanka maślanki

2 jajka

50 g / 2 uncje / ½ szklanki kakao (niesłodzonej czekolady) w proszku

Amerykańska aksamitna glazura

Wymieszaj mąkę, cukier, sodę oczyszczoną i sól. Wcieraj masło lub margarynę, aż masa będzie przypominać bułkę tartą, następnie dodaj maślankę, jajka i kakao i dalej ubijaj, aż będzie gładka. Podziel mieszaninę na dwie wysmarowane tłuszczem i wyłożone foremki do kanapek o średnicy 9 cm/23 cm i piecz w piekarniku nagrzanym do 350°F/180°C/termostat 4 przez 30 minut, aż wykałaczka wbita w środek sama wyjdzie. Kanapkę z połową amerykańskiego aksamitnego lukru i przykryj ciasto resztą. Puścić.

Ciasto Migdałowo Czekoladowe

Tworzy ciasto 8 "/20 cm

6 uncji/¾ szklanki/175 g masła lub margaryny, miękkiej

175g/6 uncji/¾ szklanki cukru pudru (bardzo drobny)

3 jajka, lekko ubite

225 g/8 uncji/2 szklanki mąki samorosnącej (samorosnącej)

50 g mielonych migdałów

100g/4oz/1 szklanka chipsów czekoladowych

30 ml/2 łyżki mleka

1 uncja / ¼ szklanki posiekanych migdałów (posiekanych)

Masło lub margarynę utrzeć z cukrem na jasną i puszystą masę. Stopniowo dodawać jajka, następnie mąkę, mielone migdały i kawałki czekolady. Wymieszaj tyle mleka, aby uzyskać konsystencję podobną do kropli, następnie dodaj posiekane migdały. Wlej do wysmarowanej tłuszczem i wysypanej bułką tartą formy o średnicy 20 cm i piecz w nagrzanym piekarniku w temperaturze 180°C/350°F/termostat 4 przez 1 godzinę, aż wykałaczka wbita w środek wyjdzie czysta. Pozostaw do ostygnięcia na patelni przez 5 minut, a następnie wyjmij na metalową podstawkę, aby dokończyć studzenie.

Ciasto z kremem czekoladowym

Tworzy ciasto 7 "/18 cm

4 jajka

100g/4oz/½ szklanki cukru pudru (bardzo drobny)

2½ uncji/60 g/2/3 szklanki mąki pszennej (uniwersalnej)

25 g/1 oz/¼ szklanki sproszkowanej czekolady do picia

¼ szt./2/3 szklanki/150 ml śmietanki kremówki (gęstej)

Jajka i cukier ubić na jasną i puszystą masę. Wymieszać mąkę i czekoladę do picia.Podzielić mieszaninę na dwie wysmarowane tłuszczem i wyłożone foremki do kanapek o średnicy 7 cm/18 cm i piec w piekarniku nagrzanym do 200°C/termostat 6 przez 15 minut, aż będą sprężyste w dotyku. Ostudzić na stojaku z drutu. Ubij śmietanę na sztywną pianę, a następnie ułóż ciastka razem ze śmietaną.

Daktylowe ciasto czekoladowe

Tworzy ciasto 8 "/20 cm

25 g/1 oz/1 kostka czekolady zwykłej (półsłodkiej)

175 g/1 szklanka daktyli bez pestek (bez pestek), posiekanych

5 ml/1 łyżeczka proszku do pieczenia (proszek do pieczenia)

13 uncji/375 ml 1½ szklanki wrzącej wody

6 uncji/¾ szklanki/175 g masła lub margaryny, miękkiej

225 g/8 uncji/1 szklanka cukru pudru (bardzo drobny)

2 ubite jajka

175 g/6 uncji/1½ szklanki zwykłej mąki (uniwersalnej)

2,5 ml / ½ łyżeczki soli

50 g/2 uncje/¼ szklanki cukru pudru

100g/4oz/1 szklanka chipsów czekoladowych (półsłodkich)

Połącz czekoladę, daktyle, sodę oczyszczoną i wrzącą wodę i mieszaj, aż czekolada się rozpuści. Masło lub margarynę utrzeć z cukrem na jasną i puszystą masę. Stopniowo dodawać jajka. Dodać mąkę i sól na przemian z masą czekoladową i mieszać do połączenia. Przełożyć do natłuszczonej i oprószonej mąką kwadratowej formy o boku 20 cm. Wymieszać cukier puder i kawałki czekolady i posypać wierzch. Piec w nagrzanym piekarniku w temperaturze 160°C/325°F/termostat 3 przez 45 minut, aż wykałaczka wbita w środek ciasta wyjdzie czysta.

Rodzinne ciasto czekoladowe

Tworzy ciasto o średnicy 23 cm

100g/4oz/½ szklanki masła lub margaryny, zmiękczonej

175g/6 uncji/¾ szklanki cukru pudru (bardzo drobny)

2 jajka, lekko ubite

5ml/1 łyżeczka esencji waniliowej (ekstrakt)

225 g/8 uncji/2 szklanki mąki pszennej (uniwersalnej)

45 ml/3 łyżki kakao w proszku (niesłodzona czekolada)

10 ml / 2 łyżeczki proszku do pieczenia

2,5 ml/½ łyżeczki proszku do pieczenia (proszek do pieczenia)

Szczypta soli

150 ml/8 fl oz/1 szklanka wody

Masło lub margarynę utrzeć z cukrem na jasną i puszystą masę. Stopniowo dodawać jajko i esencję waniliową, a następnie dodawać mąkę, kakao, proszek do pieczenia, sodę oczyszczoną i sól, na przemian z wodą, aż powstanie gładkie ciasto. Wlać do wysmarowanej tłuszczem i wysypanej bułką tartą formy (9 cm/23 cm) i piec w nagrzanym do 220°C piekarniku z termostatem 7 przez 20-25 minut, aż wyrośnie i będzie sprężysty.

Diabelski tort z lukrem marshmallow

Tworzy ciasto 7 "/18 cm

100g/4oz/½ szklanki masła lub margaryny, zmiękczonej

100g/4oz/½ szklanki cukru pudru (bardzo drobny)

2 jajka, lekko ubite

75 g/3 uncji/1/3 szklanki samorosnącej (samorosnącej) mąki

15 ml/1 łyżka kakao w proszku (niesłodzona czekolada)

Szczypta soli

Na polewę (glazurę):

100 g pianek marshmallow

30 ml/2 łyżki mleka

2 białka jaj

25g/1 uncja/2 łyżki cukru pudru (bardzo drobny)

starta czekolada do dekoracji

Masło lub margarynę utrzeć z cukrem na jasną i puszystą masę. Stopniowo wmieszać jajka, a następnie mąkę, kakao i sól. Podzielić mieszaninę na dwie wysmarowane tłuszczem i wyłożone foremki do kanapek o średnicy 7 cm/18 cm i piec w piekarniku nagrzanym do temperatury 350°F/180°C/termostat 4 przez 25 minut, aż się zetnie dobrze uniesiona i sprężysta w dotyku. Ostudzić.

Pianki marshmallow roztopić z mlekiem na małym ogniu, mieszając od czasu do czasu i odstawić do ostygnięcia. Białka ubijamy na sztywną pianę, następnie dodajemy cukier i ponownie ubijamy na sztywną i błyszczącą masę. Wmieszaj mieszankę marshmallow i pozostaw na chwilę. Posmaruj ciastka jedną trzecią kremu marshmallow, a następnie posmaruj resztą wierzchu i boków ciasta i udekoruj startą czekoladą.

Wymarzone ciasto czekoladowe

Tworzy ciasto o średnicy 23 cm

225 g/8 uncji/2 szklanki zwykłej czekolady (półsłodkiej)

30 ml/2 łyżki kawy rozpuszczalnej w proszku

45 ml/3 łyżki wody

4 jajka, oddzielone

2/3 szklanki/150 g masła lub margaryny pokrojonej w kostkę

Szczypta soli

100g/4oz/½ szklanki cukru pudru (bardzo drobny)

50 g/2 oz/½ szklanki mąki kukurydzianej (skrobi kukurydzianej)

Do dekoracji:

¼ szt./2/3 szklanki/150 ml śmietanki kremówki (gęstej)

25 g/3 łyżki cukru pudru (cukierek).

175 g/1½ szklanki orzechów włoskich, posiekanych

Czekoladę, kawę i wodę rozpuszczamy razem w żaroodpornej misce nad garnkiem z wrzącą wodą. Zdjąć z ognia i stopniowo dodawać żółtka. Mieszaj masło, kawałek po kawałku, aż roztopi się w masie. Ubij razem białka i sól, aż utworzą się miękkie szczyty. Ostrożnie dodać cukier i ubijać na sztywną pianę. Ubij mąkę kukurydzianą.Wymieszaj łyżkę mieszanki czekoladowej, a następnie wymieszaj czekoladę z pozostałymi białkami. Wlać do wysmarowanej tłuszczem i wysypanej bułką tartą formy o średnicy 9 cm/23 cm i piec w nagrzanym do 180°C piekarniku z termostatem 4 przez 45 minut, aż ładnie wyrośnie i będzie sprężysty w dotyku. Wyjąć z piekarnika i pozostawić do ostygnięcia przed wyjęciem; ciasto pęknie i wycieknie. Całkowicie ostudzić.

Ubij śmietanę na sztywną pianę, dodaj cukier, posmaruj brzegi ciasta niewielką ilością kremu i posyp pokruszonymi orzechami do dekoracji. Rozsmarować lub polać resztą kremu.

Ciasto czekoladowe w płynie

Ciasto o wymiarach 9 x 12"/23 x 30 cm

2 jajka, oddzielone

350g/12 uncji/1½ szklanki cukru pudru (bardzo drobny)

200g/7 uncji/1¾ szklanki mąki samorosnącej (samorosnącej)

2,5 ml/½ łyżeczki proszku do pieczenia (proszek do pieczenia)

2,5 ml / ½ łyżeczki soli

60 ml/4 łyżki kakao (niesłodzonej czekolady) w proszku

75 ml/5 łyżek oleju

250 ml/8 uncji/1 szklanka maślanki

Białka ubić na sztywną pianę. Stopniowo dodawaj ½ szklanki/100 g cukru i ubijaj, aż piana będzie sztywna i błyszcząca. Wymieszaj pozostały cukier, mąkę, proszek do pieczenia, sól i kakao. Dodać żółtka, olej i maślankę Ostrożnie wymieszać z białkami Wlać do wysmarowanej tłuszczem i posypanej mąką tortownicy o wymiarach 23 x 32 cm/9 x 12 i piec w nagrzanym piekarniku w temperaturze 180°C/350°F/termostat 4 przez 40 minut, aż wykałaczka wbita w środek wyjdzie i wyczyści.

Ciasto czekoladowo-orzechowe

Tworzy ciasto 10 "/25 cm

100 g/1 szklanka orzechów laskowych

175g/6 uncji/¾ szklanki cukru pudru (bardzo drobny)

175 g/6 uncji/1½ szklanki zwykłej mąki (uniwersalnej)

50 g / 2 uncje / ½ szklanki kakao (niesłodzonej czekolady) w proszku

5ml/1 łyżeczka proszku do pieczenia

Szczypta soli

2 jajka, lekko ubite

2 białka jaj

6 uncji / ¾ szklanki oleju

60 ml/4 łyżeczki zimnej mocnej czarnej kawy

Rozłóż orzechy laskowe w formie (formie) i piecz w nagrzanym piekarniku w temperaturze 180°C/350°F/termostat 4 przez 15 minut, aż się zarumienią. Szybko natrzyj ściereczką (torchon), aby usunąć skórkę, a następnie drobno posiekaj orzechy włoskie w robocie kuchennym z 15 ml/1 łyżką cukru. Orzechy wymieszać z mąką, kakao, proszkiem do pieczenia i solą. Jajka i białka ubijamy razem na puszystą masę. Stopniowo dodawać pozostały cukier i dalej ubijać, aż masa zbieleje. Stopniowo dodawać olej, a następnie kawę. Dodać do suchych składników, następnie wlać do wysmarowanej tłuszczem i wysypanej bułką tartą tortownicy o średnicy 25 cm/10 i piec w nagrzanym piekarniku w temperaturze 180°C/350°F/termostat 4 przez 30 minut, aż ciasto będzie sprężyste. dotykać.

Ciasto czekoladowe

Robi ciasto 900g/2lb

60 ml/4 łyżki kakao (niesłodzonej czekolady) w proszku

100g/4oz/½ szklanki masła lub margaryny

120 ml/4 fl oz/½ szklanki oleju

250 ml/8 fl oz/1 szklanka wody

350g/12 uncji/1½ szklanki cukru pudru (bardzo drobny)

225 g/8 uncji/2 szklanki mąki samorosnącej (samorosnącej)

2 ubite jajka

120 ml/4 fl oz/½ szklanki mleka

2,5 ml/½ łyżeczki proszku do pieczenia (proszek do pieczenia)

5ml/1 łyżeczka esencji waniliowej (ekstrakt)

Na polewę (glazurę):

60 ml/4 łyżki kakao (niesłodzonej czekolady) w proszku

100g/4oz/½ szklanki masła lub margaryny

60 ml/4 łyżki zagęszczonego mleka

22/3 szklanki/1 funt/450 g cukru pudru (cukierniczego), przesianego

5ml/1 łyżeczka esencji waniliowej (ekstrakt)

100 g/4 oz/1 tabliczka zwykłej czekolady (półsłodkiej)

Kakao, masło lub margarynę, olej i wodę umieścić w rondlu i zagotować. Zdjąć z ognia i wymieszać z cukrem i mąką. Wymieszać jajka, mleko, sodę oczyszczoną i esencję waniliową, a następnie dodać mieszaninę do rondla. Wlać do wysmarowanej tłuszczem i wysypanej bułką formy (900g/2lb) i piec w piekarniku nagrzanym do 180°C/350°F/termostat 4 przez 1,5 godziny, aż dobrze wyrośnie i będzie sprężysty w dotyku. Wyjąć formę i ostudzić na kratce.

Aby zrobić polewę, zagotuj wszystkie składniki w średnim rondlu. Ubijaj na gładką masę, a następnie polej jeszcze ciepłe ciasto. Puścić.

Ciasto czekoladowe

Tworzy ciasto o średnicy 23 cm

150g/5 uncji/1¼ szklanki zwykłej czekolady (półsłodkiej)

2/3 szklanki/5 uncji/150 g masła lub margaryny, zmiękczonej

2/3 szklanki/150 g cukru pudru (bardzo drobny)

75 g/3 uncji/¾ szklanki mielonych migdałów

3 jajka, oddzielone

100g/4oz/1 szklanka mąki pszennej (uniwersalnej)

Do nadzienia i polewy:

½ pt/1¼ szklanki/300 ml śmietanki kremówki (gęstej)

7 uncji / 1¾ szklanki zwykłej czekolady (półsłodkiej), posiekanej

Rozdrobniony płatek czekolady

Czekoladę rozpuszczamy w żaroodpornej misce nad garnkiem z gotującą się wodą. Ubij razem masło lub margarynę z cukrem, dodaj czekoladę, migdały i żółtka. Białka ubij na sztywną pianę, a następnie wymieszaj metalową łyżką. Delikatnie wymieszaj mąkę, wlej do wysmarowanej masłem tortownicy o średnicy 9 cm/23 cm i piecz w nagrzanym piekarniku w temperaturze 180°C/350°F/termostat 4 przez 40 minut, aż będzie sprężysta w dotyku.

W międzyczasie zagotować śmietankę, dodać posiekaną czekoladę i mieszać do rozpuszczenia. Ostudzić. Gdy ciasto jest upieczone i ostudzone, przekrój je poziomo i posmaruj połową kremu czekoladowego. Resztę rozsmarować na wierzchu i udekorować pokruszonymi płatkami czekolady.

Włoskie ciasto czekoladowe

Tworzy ciasto o średnicy 23 cm

100g/4oz/½ szklanki masła lub margaryny

225 g/8 uncji/1 szklanka miękkiego brązowego cukru

30 ml/2 łyżki kakao (niesłodzonej czekolady) w proszku

3 jajka dobrze ubite

75 g/3 oz/¾ szklanki zwykłej czekolady (półsłodkiej)

150 ml/4 fl oz/½ szklanki wrzącej wody

400g/14oz/3½ szklanki mąki pszennej (uniwersalnej)

5ml/1 łyżeczka proszku do pieczenia

Szczypta soli

10 ml/2 łyżki. esencja waniliowa (ekstrakt)

6 uncji / ¾ szklanki pojedynczej śmietany (jasnej)

¼ szt./2/3 szklanki/150 ml śmietanki kremówki (gęstej)

Masło lub margarynę wymieszać z cukrem i kakao. Stopniowo dodawać jajka. Rozpuść czekoladę we wrzącej wodzie, a następnie dodaj do masy. Dodać mąkę, proszek do pieczenia i sól. Dodać esencję waniliową i śmietankę kremówkę. Przełożyć do dwóch wysmarowanych tłuszczem i wyłożonych mąką foremek o średnicy 9 cm/23 cm i piec w nagrzanym piekarniku o temperaturze 350°F/180°C/termostat 4 25 minut, aż będą dobrze wyrośnięte i sprężyste w dotyku. Pozostaw do ostygnięcia na 5 minut w foremkach, a następnie wyjmij na metalową podstawkę, aby dokończyć studzenie. Ubij śmietanę kremówkę na sztywną pianę, a następnie użyj jej do połączenia ciast.

Tort lodowy czekoladowo-orzechowy

Tworzy ciasto o średnicy 23 cm

150 g/5 uncji/1¼ szklanki orzechów laskowych, łuskanych

225 g/8 uncji/1 szklanka cukru pudru

15 ml/1 łyżka kawy rozpuszczalnej w proszku

60 ml/4 łyżki wody

175g/6 uncji/1½ filiżanki zwykłej (półsłodkiej) czekolady, posiekanej

5 ml/1 łyżeczka. esencja migdałowa (ekstrakt)

100g/4oz/½ szklanki masła lub margaryny, zmiękczonej

8 jaj, oddzielone

45ml/3 łyżki. łyżka okruchów krakersów trawiennych (krakersy graham)

Na polewę (glazurę):

175g/6 uncji/1½ filiżanki zwykłej (półsłodkiej) czekolady, posiekanej

60 ml/4 łyżki wody

15 ml/1 łyżka kawy rozpuszczalnej w proszku

8 uncji / 1 szklanka masła lub margaryny, zmiękczona

3 żółtka

175 g/6 uncji/1 szklanka cukru pudru

starta czekolada do dekoracji (opcjonalnie)

Orzechy laskowe uprażyć na suchej patelni, aż lekko się zarumienią, od czasu do czasu potrząsając patelnią, a następnie zmielić na dość drobno. Zachowaj 45 ml/3 łyżki stołowe. na lukier.

Rozpuścić cukier i kawę w wodzie na małym ogniu mieszając przez 3 minuty. Zdejmij z ognia i dodaj esencję czekoladową i migdałową, mieszaj, aż się rozpuści i uzyska gładką konsystencję, a następnie pozostaw do lekkiego ostygnięcia. Masło lub margarynę utrzeć na jasną i puszystą masę, następnie stopniowo dodawać żółtka, orzechy laskowe i bułkę tartą, białka ubić na sztywną pianę, a następnie dodać do masy. Podzielić na dwie wysmarowane masłem i wysypane bułką tartą foremki (formy) o średnicy 23 cm i piec w nagrzanym piekarniku w temperaturze 180°C/termostat 4 przez 25 minut, aż ciasto zacznie kurczyć się z boków formy i będzie sprężyste w dotyku. dotknąć .

Aby zrobić polewę, rozpuść czekoladę, wodę i kawę na małym ogniu, mieszając do uzyskania gładkiej konsystencji. Ostudzić. Masło lub margarynę utrzeć na jasną i puszystą masę. Stopniowo dodawać żółtka, a następnie mieszankę czekoladową. Dodaj cukier puder. Przechowywać w lodówce do rozsmarowania.

Połowę lukru rozsmarować na ciastach, następnie drugą połowę rozsmarować na bokach ciasta i wcisnąć w boki zachowane orzechy laskowe. Pokryj górę ciasta cienką warstwą lukru i wytnij rozetki z lukrem wokół krawędzi. W razie potrzeby udekoruj startą czekoladą.

Włoskie ciasto z brandy i kremem czekoladowym

Tworzy ciasto o średnicy 23 cm

400g/14 uncji/3½ szklanki zwykłej czekolady (półsłodkiej)

400 ml/14 fl oz/1¾ szklanki śmietanki kremówki (gęstej)

600 ml / 1 kwarta / 2½ filiżanki zimnej, mocnej czarnej kawy

75 ml/5 łyżek. brandy lub amaretto

Biszkopty 400g/14oz

Czekoladę rozpuszczamy w żaroodpornej misce nad garnkiem z gotującą się wodą. Zdjąć z ognia i ostudzić. Ubijać, aż śmietana będzie sztywna. Czekoladę wmieszać do kremu. Zmieszaj kawę z koniakiem lub Amaretto. Zanurz jedną trzecią biszkoptów w mieszance, aby je zwilżyć i użyj ich do wyłożenia folii aluminiowej foremki o średnicy 9 cm/23 cm. Posmarować połową masy kremowej. Zwilżyć i ułożyć kolejną warstwę biszkoptów, następnie resztę kremu i na końcu pozostałe biszkopty. Ostudzić dobrze przed wyjęciem ich do podania.

czekoladowe millefeuille

Tworzy ciasto 8 "/20 cm

75 g/3 oz/¾ szklanki zwykłej czekolady (półsłodkiej)

6 uncji/¾ szklanki/175 g masła lub margaryny, miękkiej

175g/6 uncji/¾ szklanki cukru pudru (bardzo drobny)

3 jajka, lekko ubite

150 g/5 uncji/1¼ szklanki mąki samorosnącej (samorosnącej)

25 g/1 uncja/¼ szklanki kakao (niesłodzonej czekolady) w proszku

Na polewę (glazurę):

175 g/6 uncji/1 szklanka cukru pudru

50 g / 2 uncje / ½ szklanki kakao (niesłodzonej czekolady) w proszku

6 uncji/¾ szklanki/175 g masła lub margaryny, miękkiej

starta czekolada do dekoracji

Czekoladę rozpuszczamy w żaroodpornej misce nad garnkiem z gotującą się wodą. Niech ostygnie lekko. Masło lub margarynę utrzeć z cukrem na jasną i puszystą masę. Stopniowo wmieszać jajka, następnie dodać mąkę, kakao i roztopioną czekoladę. Wlać mieszaninę do wysmarowanej tłuszczem i wyłożonej papierem tortownicy o średnicy 20 cm i piec w piekarniku nagrzanym do 180°C/termostat 4 przez 1½ godzin, aż stanie się elastyczny w dotyku. Odstawić do ostygnięcia.

Aby zrobić lukier, ubij razem cukier puder, kakao i masło lub margarynę, aż uzyskasz lukier, który można rozsmarować. Gdy ciasto jest zimne, pokrój je poziomo na trzy części i użyj dwóch trzecich lukru, aby połączyć trzy warstwy. Na wierzchu rozsmarować pozostały lukier, wyciąć widelcem wzór i udekorować startą czekoladą.

Wilgotne ciasto czekoladowe

Tworzy ciasto 8 "/20 cm

200g/7 uncji/1¾ szklanki mąki pszennej (uniwersalnej)

30 ml/2 łyżki kakao (niesłodzonej czekolady) w proszku

5 ml/1 łyżeczka proszku do pieczenia (proszek do pieczenia)

5ml/1 łyżeczka proszku do pieczenia

2/3 szklanki/150 g cukru pudru (bardzo drobny)

30 ml/2 łyżki. łyżka złotego syropu (jasna kukurydza)

2 jajka, lekko ubite

150 ml/¼ pt/2/3 szklanki oleju

150 ml/¼ pt./2/3 szklanki mleka

¼ pt/2/3 szklanki/150 ml podwójnej (ciężkiej) śmietany lub śmietany kremówki, ubitej

Wszystkie składniki oprócz śmietany ubić na pastę. Wlać do dwóch wysmarowanych tłuszczem i wyłożonych papierem tortownic o średnicy 20 cm i piec w nagrzanym do 160°C piekarniku z termostatem 3 przez 35 minut, aż dobrze wyrosną i będą sprężyste w dotyku. Ostudzić, a następnie kanapkę z bitą śmietaną.

Ciasto mokka

Ciasto o wymiarach 9 x 12"/23 x 30 cm

450 g/1 lb/2 szklanki cukru pudru (bardzo drobny)

225 g/8 uncji/2 szklanki mąki pszennej (uniwersalnej)

75 g/3 uncji/¾ szklanki kakao (niesłodzonej czekolady) w proszku

10 ml/2 łyżeczki sody (proszku do pieczenia)

5ml/1 łyżeczka proszku do pieczenia

Szczypta soli

120 ml/4 fl oz/½ szklanki oleju

250 ml/8 fl oz/1 filiżanka gorącej czarnej kawy

250 ml/8 uncji/1 szklanka mleka

2 jajka, lekko ubite

Wymieszaj suche składniki i zrób w środku zagłębienie. Dodać pozostałe składniki i mieszać do wchłonięcia suchych składników. Wlać do wysmarowanej tłuszczem i wysypanej bułką tartą formy o wymiarach 23 x 30 cm/9 x 12 i piec w piekarniku nagrzanym do 180°C/350°F/termostat 4 przez 35-40 minut, aż wykałaczka wbita w środek wyjdzie sucha.

Baba

Tworzy ciasto 8 "/20 cm

225 g/8 uncji/2 szklanki zwykłej czekolady (półsłodkiej)

225 g/8 uncji/1 szklanka masła lub margaryny

225 g/8 uncji/1 szklanka cukru pudru (bardzo drobny)

4 jajka, lekko ubite

15 ml/1 łyżka skrobi kukurydzianej (skrobi kukurydzianej)

Rozpuść czekoladę i masło lub margarynę w żaroodpornej misce ustawionej na garnku z gotującą się wodą. Zdjąć z ognia i mieszać do rozpuszczenia cukru, następnie wymieszać jajka i skrobię kukurydzianą. Wlać do natłuszczonej i wyłożonej 20-centymetrową tortownicą (20 cm) i umieścić patelnię w brytfannie zawierającej wystarczającą ilość gorącej wody, aby wyrosnąć do połowy formy. Piec w nagrzanym piekarniku w temperaturze 180°C/350°F/termostat 4 przez 1 godzinę. Wyjmij z tacy na wodę i pozostaw do ostygnięcia na patelni, a następnie wstaw do lodówki, aż będzie gotowy do wyjęcia i podania.

Chrupiące Ciasto Błotne Mississippi

Tworzy ciasto o średnicy 23 cm

75 g / 3 oz / ¾ szklanki pokruszonych herbatników imbirowych (ciasteczko)

75 g/¾ szklanki okruchów krakersów trawiennych (krakersy graham)

2 uncje/¼ szklanki/50 g stopionego masła lub margaryny

300 g pianek marshmallow

90 ml/6 łyżek mleka

2,5 ml/½ łyżeczki startej gałki muszkatołowej

60 ml/4 łyżeczki rumu lub brandy

20 ml/4 łyżeczki mocnej czarnej kawy

450 g/l lb/4 szklanki zwykłej czekolady (półsłodkiej)

2 szklanki/¾ pt/450 ml śmietanki kremówki (gęstej)

Złóż okruchy ciasteczek z roztopionym masłem i wyłóż je na dno wysmarowanej tłuszczem tortownicy o średnicy 9/23 cm. Zimno. Pianki marshmallow roztopić z mlekiem i gałką muszkatołową na małym ogniu. Zdjąć z ognia i ostudzić. Wymieszaj rum lub koniak z kawą. W międzyczasie rozpuść trzy czwarte czekolady w żaroodpornej misce ustawionej na garnku z wrzącą wodą. Zdjąć z ognia i ostudzić. Ubij śmietanę, aż będzie sztywna. Wymieszaj czekoladę i śmietankę w mieszance marshmallow. Wlać dno i wyrównać górę. Przykryć folią spożywczą (folią) i wstawić do lodówki na 2 godziny do stężenia.

Rozpuść pozostałą czekoladę w żaroodpornej misce nad garnkiem z gotującą się wodą. Rozłóż czekoladę cienko na blasze do pieczenia (ciasto) i wstaw do lodówki, aż prawie stężeje. Zeskrob czekoladę ostrym nożem, aby pokroić ją w loki i użyj jej do dekoracji wierzchu ciasta.

Ciasto czekoladowo-orzechowe

Tworzy ciasto 8 "/20 cm

175 g/1½ szklanki mielonych migdałów

175g/6 uncji/¾ szklanki cukru pudru (bardzo drobny)

4 jajka, oddzielone

5ml/1 łyżeczka esencji waniliowej (ekstrakt)

175g/6 uncji/1½ filiżanki zwykłej (półsłodkiej) czekolady, startej na tarce

15 ml/1 łyżeczka posiekanych orzechów mieszanych

Wymieszaj zmielone migdały i cukier, następnie dodaj żółtka, esencję waniliową i czekoladę. Białka ubić na bardzo sztywną pianę, a następnie metalową łyżką wymieszać z masą czekoladową. Wlać do wysmarowanej tłuszczem i wysypanej bułką tartą tortownicy o średnicy 20 cm i posypać pokruszonymi orzechami włoskimi. Piec w nagrzanym piekarniku w temperaturze 190°C/375°F/termostat 5 przez 25 minut, aż wyrośnie i będzie miękki w dotyku.

Mocno czekoladowe ciasto

Robi ciasto 900g/2lb

200g/7 uncji/1¾ szklanki zwykłej czekolady (półsłodkiej)

15 ml/1 łyżka mocnej czarnej kawy

8 uncji / 1 szklanka masła lub margaryny, zmiękczona

225 g/8 uncji/1 szklanka cukru pudru

4 jajka

225 g/8 uncji/2 szklanki mąki pszennej (uniwersalnej)

5ml/1 łyżeczka proszku do pieczenia

Rozpuścić czekoladę z kawą w żaroodpornej misce ustawionej na garnku z wrzącą wodą. W międzyczasie utrzeć masło lub margarynę z cukrem na jasną i puszystą masę. Stopniowo dodawać jajka, dobrze ubijając po każdym dodaniu. Wmieszaj roztopioną czekoladę, następnie mąkę i proszek do pieczenia.Wlej mieszaninę do wysmarowanej tłuszczem i wyłożonej papierem formy (900g/2lb) i piecz w piekarniku nagrzanym do 190°C/375°F/termostat 5 przez ok. 1 godzinę, aż wykałaczka wbita w środek wyjdzie czysta. W razie potrzeby przykryj górę folią lub papierem do pieczenia (woskowanym) na ostatnie 10 minut pieczenia, aby zapobiec nadmiernemu przyrumienieniu.

Ciasto czekoladowe, orzechowe i wiśniowe

Tworzy ciasto 8 "/20 cm

8 uncji / 1 szklanka masła lub margaryny, zmiękczona

225 g/8 uncji/1 szklanka cukru pudru (bardzo drobny)

4 jajka

kilka kropli esencji waniliowej (ekstrakt)

225 g/8 uncji/2 szklanki mąki żytniej

225 g/8 uncji/2 szklanki mielonych orzechów laskowych

45 ml/3 łyżki kakao w proszku (niesłodzona czekolada)

10 ml/2 łyżki. mielony cynamon

5ml/1 łyżeczka proszku do pieczenia

900g wiśni bez pestek (bez pestek)

Lukier (do wyrobów cukierniczych) do posypania

Masło lub margarynę utrzeć z cukrem na jasną i puszystą masę. Stopniowo dodawać jajka, jedno po drugim, a następnie dodać esencję waniliową. Wymieszaj razem mąkę, orzechy, kakao, cynamon i proszek do pieczenia, a następnie wmieszaj do mieszanki i wymieszaj na miękkie ciasto. Na lekko posypanej mąką stolnicy rozwałkować ciasto na okrąg o średnicy 20 cm i ostrożnie wyłożyć do wysmarowanej tłuszczem tortownicy. Na wierzchu ułożyć czereśnie. Piec w nagrzanym piekarniku w temperaturze 200°C/400°F/termostat 6 przez 30 minut, aż będą sprężyste w dotyku. Wyjąć z formy do ostygnięcia, posypać cukrem pudrem przed podaniem.

Czekoladowe ciasto rumowe

Tworzy ciasto 8 "/20 cm

100 g/4 oz/1 tabliczka zwykłej czekolady (półsłodkiej)

15ml/1 łyżka rumu

3 jajka

100g/4oz/½ szklanki cukru pudru (bardzo drobny)

25 g/1 uncja/¼ szklanki mąki kukurydzianej (skrobia kukurydziana)

50 g/2 oz/½ szklanki samorosnącej mąki (samorosnącej)

Rozpuścić czekoladę z rumem w żaroodpornej misce nad garnkiem z wrzącą wodą. Jajka i cukier ubić na jasną i puszystą masę, następnie dodać mąkę kukurydzianą i mąkę. Wymieszać masę czekoladową. Wlać do wysmarowanej tłuszczem i wyłożonej papierem tortownicy o średnicy 8"/20 cm (forma) i piec w nagrzanym piekarniku do 190°C/375 °F /termostat 5 Piec przez 10-15 minut, aż będzie sprężysty w dotyku.

czekoladowa kanapka

Tworzy ciasto 8 "/20 cm

100g/4oz/1 szklanka mąki pszennej (uniwersalnej)

10 ml / 2 łyżeczki proszku do pieczenia

Szczypta proszku do pieczenia (proszek do pieczenia)

50 g / 2 uncje / ½ szklanki kakao (niesłodzonej czekolady) w proszku

225 g/8 uncji/1 szklanka cukru pudru (bardzo drobny)

120 ml/1/2 szklanki oleju kukurydzianego

120 ml/4 fl oz/½ szklanki mleka

¼ szt./2/3 szklanki/150 ml śmietanki kremówki (gęstej)

100 g/4 oz/1 tabliczka zwykłej czekolady (półsłodkiej)

Wymieszaj mąkę, proszek do pieczenia, sodę oczyszczoną i kakao. Wymieszaj cukier. Wymieszaj olej i mleko i wymieszaj z suchymi składnikami, aż będą gładkie. Podzielić na dwie wysmarowane masłem i wyłożone foremki do kanapek o średnicy 8/20 cm i piec w piekarniku nagrzanym do 350°F/180°C/termostat 3 przez 40 minut, aż będą miękkie w dotyku. Wyjąć na metalową kratkę do ostygnięcia.

Ubij śmietanę, aż będzie sztywna. Zachowaj 30 ml/2 łyżki stołowe. łyżki stołowe, a resztę wykorzystaj do złożenia ciast. W żaroodpornej misce ustawionej nad garnkiem z gotującą się wodą rozpuść czekoladę i zarezerwowaną śmietankę. Wylać na wierzch ciasta i odstawić.

Ciasto karobowo-orzechowe

Tworzy ciasto 7 "/18 cm

6 uncji/¾ szklanki/175 g masła lub margaryny, miękkiej

100g/4oz/½ szklanki miękkiego brązowego cukru

4 jajka, oddzielone

75 g/3 oz/¾ szklanki mąki pszennej (uniwersalnej)

25 g/1 uncja/¼ szklanki proszku z chleba świętojańskiego

Szczypta soli

Drobno starta skórka i sok z 1 pomarańczy

Pałeczki karobowe 175 g

100 g/1 szklanka posiekanych mieszanych orzechów

Utrzeć 100g masła lub margaryny z cukrem na jasną i puszystą masę. Stopniowo wbijać żółtka, następnie dodawać mąkę, proszek z chleba świętojańskiego, sól, skórkę pomarańczową i 15ml/1 łyżkę soku pomarańczowego. Podzielić masę na dwie natłuszczone i wyłożone foremki o średnicy 18cm/7cm i piec w nagrzanym piekarniku do 180°C. C/350° F/termostat 4 przez 20 minut, aż będzie elastyczny w dotyku. Wyjąć z foremek i pozostawić do ostygnięcia.

Rozpuść karob z pozostałym sokiem pomarańczowym w żaroodpornej misce ustawionej na garnku z wrzącą wodą. Zdjąć z ognia i wymieszać z pozostałym masłem lub margaryną.Pozostawić do lekkiego ostygnięcia, od czasu do czasu mieszając. Schłodzone ciastka posmarować połową kremu, a resztę posmarować wierzchem. Widelcem wytnij wzór i posyp orzechami do dekoracji.

Ciasto z kminkiem

Tworzy ciasto 7 "/18 cm

8 uncji / 1 szklanka masła lub margaryny, zmiękczona

225 g/8 uncji/1 szklanka cukru pudru (bardzo drobny)

4 jajka, oddzielone

225 g/8 uncji/2 szklanki mąki samorosnącej (samorosnącej)

25 g/1 uncja/¼ szklanki nasion kminku

2,5 ml/½ łyżeczki. mielony cynamon

2,5 ml/½ łyżeczki startej gałki muszkatołowej

Masło lub margarynę utrzeć z cukrem na jasną i puszystą masę. Ubij żółtka i dodaj je do masy, a następnie dodaj mąkę, nasiona i przyprawy. Białka ubić na sztywną pianę, a następnie dodać do masy. Wlać mieszaninę do wysmarowanej tłuszczem i wyłożonej papierem tortownicy o średnicy 18 cm/7 cm i piec w nagrzanym piekarniku do 180°C/350°F/termostat 4 przez 1 godzinę, aż wykałaczka wbita w środek sama wyjdzie.

Migdałowe ciasto ryżowe

Tworzy ciasto 8 "/20 cm

8 uncji / 1 szklanka masła lub margaryny, zmiękczona

225 g/8 uncji/1 szklanka cukru pudru (bardzo drobny)

3 ubite jajka

100g/4oz/1 szklanka mąki pszennej (uniwersalnej)

75 g/3 uncji/¾ szklanki mąki samorosnącej (samorosnącej)

75 g/3 uncje/¾ szklanki mielonego ryżu

2,5 ml/½ łyżeczki. esencja migdałowa (ekstrakt)

Masło lub margarynę utrzeć z cukrem na jasną i puszystą masę. Po trochu ubijaj jajka. Wymieszaj mąkę i zmielony ryż i dodaj esencję migdałową. Wlej do wysmarowanej tłuszczem i wyłożonej papierem tortownicy o średnicy 8"/20 cm (blachy) i piecz w piekarniku nagrzanym do 150°C/termostatu 2 przez 1,5 godziny, aż się zarumieni w dotyku Pozostaw do ostygnięcia na blasze przez 10 minut, a następnie wyjmij na metalową podstawkę, aby dokończyć studzenie.

ciasto piwne

Tworzy ciasto 8"/20 cm

8 uncji / 1 szklanka masła lub margaryny, zmiękczona

225 g/8 uncji/1 szklanka miękkiego brązowego cukru

2 jajka, lekko ubite

350 g/3 szklanki mąki pełnoziarnistej (pełnoziarnistej)

10 ml / 2 łyżeczki proszku do pieczenia

5 ml/1 łyżeczka. posiekane przyprawy (szarlotka)

150 ml/¼ pt/2/3 szklanki ciemnego piwa

175 g/6 uncji/1 szklanka porzeczek

175 g/6 uncji/1 szklanka rodzynek (złote rodzynki)

50 g/2 uncje/1/3 szklanki rodzynek

100 g/1 szklanka posiekanych mieszanych orzechów

Skórka otarta z dużej pomarańczy

Masło lub margarynę utrzeć z cukrem na jasną i puszystą masę. Stopniowo dodawać jajka, dobrze ubijając po każdym dodaniu. Wymieszaj mąkę, proszek do pieczenia i przyprawy i stopniowo mieszaj z ubitą śmietaną na przemian z ciemnym piwem, następnie dodaj owoce, orzechy i skórkę pomarańczową. Wlej do wysmarowanej tłuszczem i wyłożonej papierem formy o średnicy

20 cm i piecz w nagrzanym piekarniku piekarniku w temperaturze 300°F/150°C/termostat 2 przez 2¼ godziny, aż wykałaczka wbita w środek wyjdzie czysta. Pozostaw do ostygnięcia na patelni przez 30 minut, a następnie wyjmij na metalową podstawkę, aby dokończyć studzenie.

Ciasto z piwem i daktylami

Tworzy ciasto o średnicy 23 cm

8 uncji / 1 szklanka masła lub margaryny, zmiękczona

450 g/1 lb/2 szklanki miękkiego brązowego cukru

2 jajka, lekko ubite

450 g/1 lb/4 szklanki mąki pszennej (uniwersalnej)

175 g/1 szklanka daktyli bez pestek (bez pestek), posiekanych

100 g/1 szklanka posiekanych mieszanych orzechów

10 ml/2 łyżeczki sody (proszku do pieczenia)

5 ml/1 łyżeczka. mielony cynamon

5 ml/1 łyżeczka. posiekane przyprawy (szarlotka)

2,5 ml / ½ łyżeczki soli

500 ml/17 fl oz/2¼ szklanki piwa lub lagera

Masło lub margarynę utrzeć z cukrem na jasną i puszystą masę. Stopniowo mieszaj jajka, a następnie mieszaj suche składniki, na przemian z piwem, aż do uzyskania gładkiej konsystencji. Wlać do wysmarowanej masłem i wyłożonej papierem tortownicy o średnicy 9 cm/23 cm i piec w nagrzanym piekarniku w temperaturze 180°C/350°F/termostat 4 przez 1 godzinę, aż wykałaczka wbita w środek wyjdzie sucha. Pozostaw do ostygnięcia na patelni przez 10 minut, a następnie wyjmij na metalową podstawkę, aby dokończyć studzenie.

Ciasto Battenburg

Tworzy ciasto 7 "/18 cm

6 uncji/¾ szklanki/175 g masła lub margaryny, miękkiej

175g/6 uncji/¾ szklanki cukru pudru (bardzo drobny)

3 jajka, lekko ubite

225 g/8 uncji/2 szklanki mąki samorosnącej (samorosnącej)

kilka kropli esencji waniliowej (ekstrakt)

Kilka kropel esencji malinowej (ekstraktu) Na polewę (glazurę):

15 ml/1 łyżeczka dżemu malinowego (z puszki), przesianego (przesianego)

225 g marcepanu

kilka glazurowanych wiśni (kandyzowanych)

Masło lub margarynę wymieszać z cukrem. Stopniowo dodawać jajka, a następnie mąkę i esencję waniliową. Podziel mieszaninę na pół i wymieszaj esencję malinową w jednej połowie. Nasmaruj tłuszczem i wyłóż kwadratową formę do ciasta o boku 7"/18 cm i podziel ją na pół, składając papier pergaminowy (wosk) na środku formy. Wlać każdą mieszankę do jednej połowy formy i piec w nagrzanym piekarniku w temperaturze 180°C/350°F/termostat 4 przez ok. 50 minut, aż będzie elastyczne w dotyku. Ostudzić na stojaku z drutu.

Przytnij brzegi ciasta i przekrój każdy kawałek wzdłuż na pół. Rozłóż kawałek róży i wanilii razem na spodzie i kawałek wanilii i róży na wierzchu, użyj trochę dżemu, aby je połączyć. Pozostałym dżemem posmarować wierzch ciasta. Marcepan rozwałkować na prostokąt o boku ok. 18 x 38 cm. Naciśnij wokół krawędzi ciasta i przytnij krawędzie. Wierzch udekorować kandyzowanymi wiśniami.

ciasto brzoskwiniowe

Tworzy ciasto o średnicy 23 cm

100g/4oz/½ szklanki masła lub margaryny, zmiękczonej

225 g/8 uncji/1 szklanka cukru pudru (bardzo drobny)

3 jajka, oddzielone

450 g/1 lb/4 szklanki mąki pszennej (uniwersalnej)

Szczypta soli

5 ml/1 łyżeczka proszku do pieczenia (proszek do pieczenia)

120 ml/4 fl oz/½ szklanki mleka

2/3 szklanki/225 g dżemu brzoskwiniowego (kupiony w sklepie)

Masło lub margarynę wymieszać z cukrem. Stopniowo dodawaj żółtka, następnie mąkę i sól. Wymieszaj sodę oczyszczoną z mlekiem, następnie wymieszaj ciasto, a następnie dżem. Białka ubić na sztywną pianę, a następnie dodać do masy. Podzielić na dwie natłuszczone i wyłożone foremki o średnicy 9 cm/23 cm i piec w piekarniku nagrzanym do 350°F/180°C/termostat 4 przez 25 minut, aż będą dobrze wyrośnięte i sprężyste w dotyku.

Pomarańczowe ciasto marsala

Tworzy ciasto o średnicy 23 cm

175 g/6 uncji/1 szklanka rodzynek (złote rodzynki)

120 ml/4 fl oz/½ szklanki Marsali

6 uncji/¾ szklanki/175 g masła lub margaryny, miękkiej

100g/4oz/½ szklanki miękkiego brązowego cukru

225 g/8 uncji/1 szklanka cukru pudru (bardzo drobny)

3 jajka, lekko ubite

Drobno starta skórka z pomarańczy

5 ml/1 łyżeczka wody z kwiatu pomarańczy

275 g/10 uncji/2½ szklanki mąki pszennej (uniwersalnej)

10 ml/2 łyżeczki sody (proszku do pieczenia)

Szczypta soli

13 uncji/375 ml 1½ szklanki maślanki

Glazura z likieru pomarańczowego

Namocz rodzynki w Marsali przez noc.
Masło lub margarynę utrzeć z cukrem na jasną i puszystą masę. Stopniowo dodawać jajka, a następnie dodać skórkę pomarańczową i wodę z kwiatów pomarańczy. Mąkę, sodę oczyszczoną i sól mieszamy na przemian z maślanką. Dodać namoczone rodzynki i marsalę.Podzielić na dwie wysmarowane tłuszczem i wyłożone foremki o średnicy 23 cm (formy) i piec w piekarniku nagrzanym do 180°C/350°F/termostat 4 przez 35 minut, aż będą miękkie w dotyku i zaczną rosnąć, skurczyć boki pudełek. Pozostawić do ostygnięcia na 10 minut w foremkach

przed wyjęciem na metalową podstawkę, aby zakończyć chłodzenie.

Posmaruj ciastka połową lukru z likieru pomarańczowego, a następnie rozsmaruj pozostały lukier na wierzchu.

Ciasto brzoskwiniowo-gruszkowe

Tworzy ciasto o średnicy 23 cm

6 uncji/¾ szklanki/175 g masła lub margaryny, miękkiej

2/3 szklanki/150 g cukru pudru (bardzo drobny)

2 jajka, lekko ubite

75 g/3 oz/¾ szklanki mąki pełnoziarnistej (pełnoziarnistej)

75 g/3 oz/¾ szklanki mąki pszennej (uniwersalnej)

10 ml / 2 łyżeczki proszku do pieczenia

15 ml/1 łyżka mleka

2 brzoskwinie, bez pestek, obrane i posiekane

2 gruszki, obrane, pozbawione gniazd nasiennych i posiekane

30 ml/2 łyżki cukru pudru, przesianego

Masło lub margarynę utrzeć z cukrem na jasną i puszystą masę. Stopniowo wbijaj jajka, a następnie wymieszaj mąkę z proszkiem do pieczenia, dodając mleko, aby uzyskać konsystencję kropli. Wymieszaj brzoskwinie i gruszki.Wlej mieszaninę do wysmarowanej tłuszczem i wyłożonej papierem tortownicy o średnicy 9 cm/23 cm (blacha) i piecz w piekarniku nagrzanym do 190°C/termostat 5 przez 1 godzinę, aż ładnie wyrośnie i nie będzie sprężysty. Pozostaw do ostygnięcia na patelni przez 10 minut przed wyjęciem na metalową podstawkę, aby zakończyć chłodzenie. Przed podaniem posypać cukrem pudrem.

Ciasto ananasowe

Tworzy ciasto 8 "/20 cm

100g/4oz/½ szklanki masła lub margaryny

350g/12 uncji/2 szklanki mieszanych suszonych owoców (mix ciasta owocowego)

225 g/8 uncji/1 szklanka miękkiego brązowego cukru

5 ml/1 łyżeczka. posiekane przyprawy (szarlotka)

5 ml/1 łyżeczka proszku do pieczenia (proszek do pieczenia)

15 uncji / 1 duża puszka rozgniecionego ananasa, niesłodzonego, odsączonego

225 g/8 uncji/2 szklanki mąki samorosnącej (samorosnącej)

2 ubite jajka

Umieść wszystkie składniki oprócz mąki i jajek na patelni i delikatnie podgrzewaj, aż się zagotuje, dobrze mieszając. Gotuj równomiernie przez 3 minuty, a następnie pozostaw mieszaninę do całkowitego ostygnięcia. Dodać mąkę, następnie stopniowo dodawać jajka. Wlać mieszaninę do wysmarowanej tłuszczem i wyłożonej papierem tortownicy o średnicy 20 cm i piec w piekarniku nagrzanym do 180°C/350°F/termostat 4 przez 1½ do 1½ godziny, aż wyrośnie i mocny dotyk. Pozostaw do ostygnięcia w misce.

Ciasto ananasowo-wiśniowe

Tworzy ciasto 8 "/20 cm

100g/4oz/½ szklanki masła lub margaryny, zmiękczonej

100 g/4 oz/1 szklanka cukru pudru (bardzo drobny)

2 ubite jajka

225 g/8 uncji/2 szklanki mąki samorosnącej (samorosnącej)

2,5 ml/½ łyżeczki proszku do pieczenia

2,5 ml/½ łyżeczki. mielony cynamon

175 g/6 uncji/1 szklanka rodzynek (złote rodzynki)

25 g/1 uncja/2 łyżki. łyżki glazurowanych wiśni (kandyzowanych)

14 uncji/400 g dużej puszki ananasa, odsączonego i posiekanego

30 ml/2 łyżki brandy lub rumu

Flormelis (wyroby cukiernicze), przesiane, do suszenia

Masło lub margarynę utrzeć z cukrem na jasną i puszystą masę. Stopniowo wbijać jajka, następnie wymieszać z mąką, proszkiem do pieczenia i cynamonem. Delikatnie wymieszać resztę składników. Wlać masę do wysmarowanej tłuszczem i wysypanej bułką tartą tortownicy o średnicy 20 cm/8 i piec w nagrzanym piekarniku do 160°C/ 325°F /termostat 3 przez 1h30, aż wykałaczka wbita w środek sama wyjdzie. Odstaw do ostygnięcia, a następnie podawaj posypane cukrem pudrem.

Natalskie ciasto ananasowe

Tworzy ciasto o średnicy 23 cm

2 uncje/¼ szklanki/50 g masła lub margaryny

100g/4oz/½ szklanki cukru pudru (bardzo drobny)

1 jajko, lekko ubite

150 g/5 uncji/1¼ szklanki mąki samorosnącej (samorosnącej)

Szczypta soli

120 ml/4 fl oz/½ szklanki mleka

Do dekoracji:
100 g ananasa świeżego lub z puszki, grubo startego

1 jabłko jadalne (deserowe), obrane, pozbawione gniazd nasiennych i grubo starte

120 ml/4 fl oz/½ szklanki soku pomarańczowego

15 ml / 1 łyżka soku z cytryny

100g/4oz/½ szklanki cukru pudru (bardzo drobny)

5 ml/1 łyżeczka. mielony cynamon

Rozpuść masło lub margarynę, a następnie wymieszaj z cukrem i jajkami, aż będą puszyste. Dodaj mąkę i sól na przemian z mlekiem, aby uzyskać pastę. Wlać do wysmarowanej tłuszczem i wysypanej bułką tartą formy o średnicy 9 cm/23 cm i piec w nagrzanym do 180°C piekarniku z termostatem 4 przez 25 minut, aż będą złociste i miękkie.

Wszystkie składniki na nadzienie doprowadzić do wrzenia i gotować na wolnym ogniu przez 10 minut. Wylać na gorące ciasto i smażyć, aż ananas zacznie się rumienić. Schłodzić przed podaniem na ciepło lub na zimno.

ananas do góry nogami

Tworzy ciasto 8 "/20 cm

6 uncji/¾ szklanki/175 g masła lub margaryny, miękkiej

175 g/6 uncji/¾ szklanki miękkiego brązowego cukru

14 uncji / 400 g dużej puszki plastry ananasa, odsączone i zachowany sok

4 glazurowane wiśnie (kandyzowane), przekrojone na pół

2 jajka

100 g/4 uncje/1 szklanka samorosnącej (samorosnącej) mąki

Utrzeć 3 uncje/75 g/1/3 szklanki masła lub margaryny z 3 uncje/75 g/1/3 szklanki cukru na jasną i puszystą masę i rozsmarować na dnie wysmarowanej tłuszczem tortownicy o pojemności 20 filiżanek cm/8 cali (piec) . Na wierzchu ułożyć plastry ananasa i posypać wiśniami, zaokrągloną stroną do dołu. Resztę masła lub margaryny wymieszać razem z cukrem, następnie stopniowo dodawać jajka. Wymieszaj mąkę i 30 ml/2 łyżki stołowe. łyżka zarezerwowanego soku ananasowego. Wlać ananasa i piec w nagrzanym piekarniku w temperaturze 180°C/350°F/termostat 4 przez 45 minut, aż stanie się twardy w dotyku. Pozostaw do ostygnięcia na patelni przez 5 minut, a następnie ostrożnie wyjmij z formy i przełóż na metalową podstawkę, aby ostygły.

Ciasto ananasowo-orzechowe

Tworzy ciasto o średnicy 23 cm

8 uncji / 1 szklanka masła lub margaryny, zmiękczona

225 g/8 uncji/1 szklanka cukru pudru (bardzo drobny)

5 jajek

350g/12oz/3 szklanki mąki pszennej (uniwersalnej)

100 g/1 szklanka orzechów włoskich, grubo posiekanych

2/3 szklanki/100 g mrożonego (kandyzowanego) ananasa, posiekanego

Trochę mleka

Masło lub margarynę utrzeć z cukrem na jasną i puszystą masę. Stopniowo wbijaj jajka, a następnie wymieszaj mąkę, orzechy włoskie i ananasa, dodając tyle mleka, aby uzyskać konsystencję przypominającą kroplę. Wlać do wysmarowanej tłuszczem i wysypanej bułką tartą tortownicy o średnicy 23 cm i piec w nagrzanym piekarniku do 150°C/termostat 2 przez 1,5 godziny, aż wykałaczka wbita w środek wyjdzie sucha.

Ciasto malinowe

Tworzy ciasto 8 "/20 cm

100g/4oz/½ szklanki masła lub margaryny, zmiękczonej

200 g / 7 uncji / mała 1 szklanka cukru pudru (bardzo drobnego)

2 jajka, lekko ubite

8 uncji / 1 szklanka słodko-kwaśnej śmietany (mlecznej)

5ml/1 łyżeczka esencji waniliowej (ekstrakt)

2¼ szklanki/9 uncji/250 g mąki pszennej (uniwersalnej)

5ml/1 łyżeczka proszku do pieczenia

5 ml/1 łyżeczka proszku do pieczenia (proszek do pieczenia)

5 ml/1 łyżeczka. kakao w proszku (niesłodzona czekolada)

2,5 ml / ½ łyżeczki soli

100 g świeżych lub rozmrożonych mrożonych malin

Do dekoracji:
30 ml/2 łyżki cukru trzcinowego (bardzo drobnego)

5 ml/1 łyżeczka. mielony cynamon

Masło lub margarynę wymieszać z cukrem. Stopniowo dodawać jajka, następnie creme fraiche i esencję waniliową. Dodać mąkę, proszek do pieczenia, sodę oczyszczoną, kakao i sól. Dodać maliny. Wlać do wysmarowanej tłuszczem formy o średnicy 20 cm. foremka do ciasta. Cukier wymieszać z cynamonem i posypać wierzch ciasta. Piec w nagrzanym piekarniku w temperaturze 200°C/400°F/termostat 4 przez 35 minut, aż się zarumienią, a wykałaczka wbita w środek wyjdzie czysta. Posypać cukrem wymieszanym z cynamonem.

Ciasto rabarbarowe

Tworzy ciasto 8 "/20 cm

225 g/8 uncji/2 szklanki mąki pełnoziarnistej (pełnoziarnistej)

10 ml / 2 łyżeczki proszku do pieczenia

10 ml/2 łyżki. mielony cynamon

45 ml/3 łyżki jasnego miodu

175 g/6 uncji/1 szklanka rodzynek (złote rodzynki)

2 jajka

150 ml/¼ pt./2/3 szklanki mleka

8 uncji/225 g rabarbaru, posiekanego

30 ml/2 łyżki cukru demerara

Wszystkie składniki oprócz rabarbaru i cukru zmiksować. Dodać rabarbar i przełożyć do natłuszczonej i oprószonej mąką tortownicy o średnicy 20 cm. Posypać cukrem. Piec w nagrzanym piekarniku w temperaturze 180°C/350°F/termostat 4 przez 45 minut, aż się zetnie. Pozostaw do ostygnięcia na patelni przez 10 minut przed wyjęciem.

Ciasto miodowo-rabarbarowe

Pozwala przygotować dwa ciasta o wadze 1 funta/450 g

250 g/9 uncji/2/3 szklanki czystego miodu

120 ml/4 fl oz/½ szklanki oleju

1 jajko, lekko ubite

15 ml/1 łyżka proszku do pieczenia (proszek do pieczenia)

150 ml/¼ pt/2/3 szklanki jogurtu naturalnego

75 ml/5 łyżek wody

350g/12oz/3 szklanki mąki pszennej (uniwersalnej)

10 ml/2 łyżeczki soli

350g drobno posiekanego rabarbaru

5ml/1 łyżeczka esencji waniliowej (ekstrakt)

50 g/2 uncje/½ szklanki posiekanych mieszanych orzechów

Do dekoracji:
75 g/3 uncji/1/3 szklanki miękkiego brązowego cukru

5 ml/1 łyżeczka. mielony cynamon

15 ml/1 łyżka masła lub margaryny, stopiona

Wymieszać miód i olej, następnie wymieszać z jajkiem. Wymieszać proszek do pieczenia z jogurtem i wodą, aż się rozpuści. Wymieszaj mąkę z solą i dodaj miód na przemian z jogurtem. Wymieszaj rabarbar, esencję waniliową i orzechy włoskie. Wlej do dwóch wysmarowanych tłuszczem i wyłożonych papierem do pieczenia keksówek o pojemności 450g/1lb. Składniki na polewę wymieszać i posypać ciastka. Piec w nagrzanym piekarniku w temperaturze 160°C/325°F/termostat 3 przez 1 godzinę, aż wierzch będzie twardy w dotyku i złocistobrązowy. Studzić w foremkach przez 10 minut, a następnie wyjąć na metalową podstawkę, aby zakończyć chłodzenie.

Ciasto korzeniowe

Tworzy ciasto 8 "/20 cm

250 g/9 uncji/1¼ szklanki mąki pszennej (uniwersalnej)

15 ml/1 łyżka proszku do pieczenia

5 ml/1 łyżeczka. mielony cynamon

Szczypta soli

150 ml/8 fl oz/1 szklanka oleju

300g/11 uncji/11/3 szklanki cukru pudru (bardzo drobny)

3 jajka, oddzielone

5 uncji/150 g surowych buraków, obranych i grubo startych

5 uncji/150 g marchwi, grubo startej

100 g/1 szklanka posiekanych mieszanych orzechów

Wymieszaj mąkę, proszek do pieczenia, cynamon i sól. Dodać olej i cukier, wymieszać z żółtkami, burakami, marchewką i orzechami włoskimi. Białka ubić na sztywną pianę, a następnie wymieszać metalową łyżką. Wlać mieszaninę do wysmarowanej tłuszczem i wysypanej bułką tartą tortownicy o średnicy 20 cm i piec w nagrzanym do 180°C piekarniku z termostatem 4 przez 1 godzinę, aż będzie sprężysta w dotyku.

Ciasto marchewkowo-bananowe

Tworzy ciasto 8 "/20 cm

6 uncji/175 g startej marchwi

2 banany, rozgniecione

75 g rodzynek (złotych rodzynek)

50 g/2 uncje/½ szklanki posiekanych mieszanych orzechów

175 g/6 uncji/1½ szklanki mąki samorosnącej (samorosnącej)

5ml/1 łyżeczka proszku do pieczenia

5 ml/1 łyżeczka. posiekane przyprawy (szarlotka)

Sok i skórka otarta z 1 pomarańczy

2 ubite jajka

75 g/3 uncji/1/2 szklanki jasnego cukru muscovado

100 ml / 31/2 uncji / mała 1/2 szklanki oleju słonecznikowego

Wymieszaj wszystkie składniki razem, aż dobrze się połączą. Wlać do wysmarowanej tłuszczem i wyłożonej papierem formy o średnicy 20 cm i piec w nagrzanym piekarniku w temperaturze 180°C/350°F/termostat 4 przez 1 godzinę, aż wykałaczka wbita w środek wyjdzie sucha.

Ciasto marchewkowo-jabłkowe

Tworzy ciasto o średnicy 23 cm

250 g/2¼ szklanki mąki samorosnącej (samorosnącej)

5 ml/1 łyżeczka proszku do pieczenia (proszek do pieczenia)

5 ml/1 łyżeczka. mielony cynamon

175 g/6 uncji/¾ szklanki miękkiego brązowego cukru

Drobno starta skórka z pomarańczy

3 jajka

200 ml / 7 uncji / trochę oleju 1 szklanka

5 uncji/150 g jabłek do jedzenia (deserowych), obranych, pozbawionych gniazd nasiennych i startych na tarce

5 oz/150 g startej marchwi

2/3 szklanki/100 g gotowych do spożycia suszonych moreli, posiekanych

100 g/1 szklanka orzechów pekan lub orzechów włoskich, posiekanych

Wymieszaj mąkę, proszek do pieczenia i cynamon, następnie dodaj cukier i skórkę pomarańczową. Ubij jajka w oleju, następnie wymieszaj jabłko, marchewkę i dwie trzecie moreli i orzechów włoskich. Wmieszaj mąkę i wlej do wysmarowana masłem i wyłożona bułką tartą tortownica o średnicy 9/23 cm (forma). Posypać pozostałymi posiekanymi morelami i orzechami włoskimi. Piec w nagrzanym piekarniku w temperaturze 180°C/350°F/termostat 4 przez 30 minut, aż będą sprężyste w dotyku. Pozostaw do lekkiego ostygnięcia na patelni, a następnie wyjmij na metalową podstawkę, aby dokończyć studzenie.

Ciasto marchewkowo-cynamonowe

Tworzy ciasto 8 "/20 cm

100 g/4 oz/1 szklanka mąki pełnoziarnistej (pełnoziarnistej)

100g/4oz/1 szklanka mąki pszennej (uniwersalnej)

15 ml/1 łyżeczka mielonego cynamonu

5 ml/1 łyżeczka. startej gałki muszkatołowej

10 ml / 2 łyżeczki proszku do pieczenia

100g/4oz/½ szklanki masła lub margaryny

100 g/1/3 szklanki czystego miodu

100g/4oz/½ szklanki miękkiego brązowego cukru

225 g startej marchwi

W misce wymieszaj mąkę, cynamon, gałkę muszkatołową i proszek do pieczenia. Rozpuść masło lub margarynę z miodem i cukrem, a następnie wymieszaj z mąką. Dodać marchewki i dobrze wymieszać. Wlać do wysmarowanej tłuszczem i wyłożonej papierem formy o średnicy 20 cm i piec w nagrzanym piekarniku w temperaturze 160°C/325°F/termostat 3 przez 1 godzinę, aż wykałaczka wbita w środek wyjdzie czysta. Pozostaw do ostygnięcia na patelni przez 10 minut, a następnie wyjmij na metalową podstawkę, aby dokończyć studzenie.

Ciasto z marchwi i cukinii

Tworzy ciasto o średnicy 23 cm

2 jajka

175 g/6 uncji/¾ szklanki miękkiego brązowego cukru

100 g startej marchwi

50 g cukinii (cukinia), startej

75 ml/5 łyżek oleju

225 g/8 uncji/2 szklanki mąki samorosnącej (samorosnącej)

2,5 ml/½ łyżeczki proszku do pieczenia

5 ml/1 łyżeczka. posiekane przyprawy (szarlotka)

Glazura serowa

Jajka, cukier, marchew, cukinię i olej zmiksować. Dodać mąkę, proszek do pieczenia i zmieszane przyprawy i wymieszać na gładkie ciasto. Wlać do wysmarowanej masłem i wyłożonej papierem tortownicy o średnicy 9 cm/23 cm i piec w nagrzanym piekarniku w temperaturze 180°C/350°F/termostat 4 przez 30 minut, aż wykałaczka wbita w środek wyjdzie sucha. Ostudzić, a następnie posmarować lukrem z serka śmietankowego.

Ciasto marchewkowo-imbirowe

Tworzy ciasto 8 "/20 cm

2/3 szklanki/6 uncji/175 g masła lub margaryny

100 g/1/3 szklanki złotego syropu (jasna kukurydza)

120 ml/4 fl oz/½ szklanki wody

100g/4oz/½ szklanki miękkiego brązowego cukru

5 uncji/150 g marchwi, grubo startej

5 ml/1 łyżeczka proszku do pieczenia (proszek do pieczenia)

200g/7 uncji/1¾ szklanki mąki pszennej (uniwersalnej)

100 g/4 uncje/1 szklanka samorosnącej (samorosnącej) mąki

5 ml/1 łyżeczka. mielonego imbiru

Szczypta soli

Na polewę (glazurę):

175 g/6 uncji/1 szklanka cukru pudru (dla cukierników), przesianego

5 ml/1 łyżeczka. miękkie masło lub margaryna

30 ml/2 łyżki soku z cytryny

Rozpuść masło lub margarynę z syropem, wodą i cukrem, a następnie zagotuj. Zdjąć z ognia i wymieszać z marchewką i proszkiem do pieczenia. Pozostawić do ostygnięcia. Połączyć mąkę, imbir i sól, wlać do wysmarowanej tłuszczem tortownicy o średnicy 20 cm i piec w nagrzanym piekarniku w temperaturze 180°C/350°F/termostat 4 przez 45 minut, aż się zetnie. Wyjąć formę i pozostawić do ostygnięcia.

Wymieszaj cukier puder z masłem lub margaryną i taką ilością soku z cytryny, aby powstała lukier do smarowania. Przekrój ciasto poziomo na pół, a następnie użyj połowy lukru, aby uszczypnąć ciasto i rurkę lub rozsmaruj resztę na wierzchu.

Ciasto marchewkowo-orzechowe

Tworzy ciasto 7 "/18 cm

2 duże jajka, oddzielone

2/3 szklanki/150 g cukru pudru (bardzo drobny)

225 g startej marchwi

5 uncji/1¼ szklanki posiekanych mieszanych orzechów

10 ml/2 łyżki. skórka otarta z cytryny

50g/2oz/½ szklanki mąki pszennej (uniwersalnej)

2,5 ml/½ łyżeczki proszku do pieczenia

Ubij żółtka i cukier razem, aż będą gęste i kremowe. Dodaj marchewkę, orzechy włoskie i skórkę z cytryny, następnie dodaj mąkę i proszek do pieczenia. Białka ubij na sztywną pianę, a następnie wymieszaj. Uformować wysmarowaną masłem kwadratową formę o boku 19 cm/7. Piec w nagrzanym piekarniku w temperaturze 180°C/350°F/termostat 4 przez 40 do 45 minut, aż wykałaczka wbita w środek ciasta wyjdzie czysta.

Ciasto marchewkowo-pomarańczowo-orzechowe

Tworzy ciasto 8 "/20 cm

100g/4oz/½ szklanki masła lub margaryny, zmiękczonej

100g/4oz/½ szklanki miękkiego brązowego cukru

5 ml/1 łyżeczka. mielony cynamon

5 ml/1 łyżeczka. skórka otarta z pomarańczy

2 jajka, lekko ubite

15 ml/1 łyżka soku pomarańczowego

100 g drobno startej marchwi

50 g/2 uncje/½ szklanki posiekanych mieszanych orzechów

225 g/8 uncji/2 szklanki mąki samorosnącej (samorosnącej)

5ml/1 łyżeczka proszku do pieczenia

Masło lub margarynę, cukier, cynamon i skórkę pomarańczową zmiksować na jasną i puszystą masę. Stopniowo wmieszać jajko i sok pomarańczowy, następnie dodać marchewkę, orzechy włoskie, mąkę i proszek do pieczenia. Wlać do wysmarowanej tłuszczem i wysypanej mąką tortownicy o średnicy 20 cm i piec w nagrzanym do 180°C/termostat 4 piekarniku przez 45 minut, aż będzie elastyczne w dotyku.

Ciasto marchewkowo-ananasowo-kokosowe

Tworzy ciasto 10 "/25 cm

3 jajka

350g/12 uncji/1½ szklanki cukru pudru (bardzo drobny)

300 ml/½ pt/1¼ filiżanki oleju

5ml/1 łyżeczka esencji waniliowej (ekstrakt)

225 g/8 uncji/2 szklanki mąki pszennej (uniwersalnej)

5 ml/1 łyżeczka proszku do pieczenia (proszek do pieczenia)

10 ml/2 łyżki. mielony cynamon

5 ml/1 łyżeczka soli

225 g startej marchwi

100 g ananasa z puszki, odsączonego i rozgniecionego

100 g/1 szklanka wiórków kokosowych (rozdrobnionych)

100 g/1 szklanka posiekanych mieszanych orzechów

Flormelis (wyroby cukiernicze), przesiane, do suszenia

Ubij jajka, cukier, olej i esencję waniliową. Mąkę wymieszać z proszkiem do pieczenia, cynamonem i solą i stopniowo dodawać do masy. Dodać marchewkę, ananasa, orzechy kokosowe i orzechy włoskie.Wlać do natłuszczonej i oprószonej mąką tortownicy o średnicy 10/25 cm i piec w nagrzanym piekarniku w temperaturze 160°C/325°F/termostat 3 przez 1½ godziny, aż wykałaczka wbita w środek ciasta wyjdzie posprzątać. Pozostaw do ostygnięcia na patelni przez 10 minut przed wyjęciem na metalową podstawkę, aby zakończyć chłodzenie. Przed podaniem posypać cukrem pudrem.

Ciasto marchewkowe i pistacjowe

Tworzy ciasto o średnicy 23 cm

100g/4oz/½ szklanki masła lub margaryny, zmiękczonej

100g/4oz/½ szklanki cukru pudru (bardzo drobny)

2 jajka

225 g/8 uncji/2 szklanki mąki pszennej (uniwersalnej)

5 ml/1 łyżeczka proszku do pieczenia (proszek do pieczenia)

5 ml/1 łyżeczka. mielony kardamon

225 g startej marchwi

2 oz / ½ szklanki / 50 g pistacji, posiekanych

50 g mielonych migdałów

100 g/4 oz/2/3 szklanki rodzynek (złote rodzynki)

Masło lub margarynę utrzeć z cukrem na jasną i puszystą masę. Stopniowo dodawać jajka, dobrze miksując po każdym dodaniu, a następnie wymieszać mąkę, sodę oczyszczoną i kardamon. Dodać marchewkę, orzechy włoskie, mielone migdały i rodzynki. Wlać mieszaninę do wysmarowanej tłuszczem i wyłożonej papierem do pieczenia tortownicy o średnicy 9 cm/23 cm (forma). i piec w nagrzanym piekarniku do 180°C/350°C/termostat 4 przez 40 minut, aż wyrośnie, będzie złocistobrązowy i miękki w dotyku.

Ciasto marchewkowo-orzechowe

Tworzy ciasto o średnicy 23 cm

200 ml / 7 uncji / trochę oleju 1 szklanka

4 jajka

225 g/8 uncji/2/3 szklanki czystego miodu

225 g/8 uncji/2 szklanki mąki pełnoziarnistej (pełnoziarnistej)

10 ml / 2 łyżeczki proszku do pieczenia

2,5 ml/½ łyżeczki proszku do pieczenia (proszek do pieczenia)

Szczypta soli

5ml/1 łyżeczka esencji waniliowej (ekstrakt)

6 uncji/175 g marchwi, grubo startej

175 g/6 uncji/1 szklanka rodzynek

100 g/1 szklanka orzechów włoskich, drobno posiekanych

Wymieszaj olej, jajko i miód. Stopniowo dodawać wszystkie pozostałe składniki i ubijać, aż dobrze się połączą. Wlać do natłuszczonej i oprószonej mąką tortownicy o średnicy 23 cm i piec w nagrzanym piekarniku do 180°C/350°F/termostat 4 przez 1 godzinę, aż wykałaczka wbita w środek ciasta wyjdzie czysta.

Pikantne ciasto marchewkowe

Tworzy ciasto 7"/18 cm

175 g/6 uncji/1 filiżanka daktyli

120 ml/4 fl oz/½ szklanki wody

6 uncji/¾ szklanki/175 g masła lub margaryny, miękkiej

2 jajka, lekko ubite

225 g/8 uncji/2 szklanki mąki samorosnącej (samorosnącej)

6 uncji/175 g marchwi, drobno startej

25 g/1 uncja/¼ szklanki mielonych migdałów

Skórka otarta z 1 pomarańczy

2,5 ml/½ łyżeczki. posiekane przyprawy (szarlotka)

2,5 ml/½ łyżeczki. mielony cynamon

2,5 ml/½ łyżeczki. mielonego imbiru

Na polewę (glazurę):
350g/12 uncji/1½ szklanki twarogu

25 g/1 uncja/2 łyżki. łyżki masła lub margaryny, zmiękczone

Skórka otarta z 1 pomarańczy

Umieść daktyle i wodę w małym rondlu, zagotuj i gotuj na wolnym ogniu przez 10 minut, aż będą miękkie. Usuń i wyrzuć nasiona (pestki), a następnie drobno posiekaj daktyle. Wymieszaj daktyle i płyn, masło lub margarynę i jajka, aż uzyskasz kremową konsystencję. Dodać wszystkie pozostałe składniki ciasta. Wlać mieszaninę do wysmarowanej tłuszczem i wyłożonej papierem tortownicy o średnicy 7 cm/18 cm i piec w nagrzanym piekarniku do 180°C/350°F/termostat 4 przez 1 godzinę, aż wykałaczka wbita w środek ciasta sama wyjdzie. Pozostaw do ostygnięcia na patelni przez 10 minut przed wyjęciem na metalową podstawkę, aby zakończyć chłodzenie.

Aby zrobić lukier, wymieszaj wszystkie składniki, aż uzyskasz konsystencję nadającą się do rozsmarowania, dodając w razie potrzeby trochę więcej soku pomarańczowego lub wody. Przekrój ciasto poziomo na pół, ułóż warstwy z połową lukru i rozsmaruj resztę na wierzchu.

Ciasto z marchwi i brązowego cukru

Tworzy ciasto 7 "/18 cm

5 jaj, oddzielone

200g/7 uncji/mała 1 szklanka miękkiego brązowego cukru

15 ml / 1 łyżka soku z cytryny

300 g startej marchwi

225 g/8 uncji/2 szklanki mielonych migdałów

25 g mąki pełnoziarnistej (pełnoziarnistej)

5 ml/1 łyżeczka. mielony cynamon

25 g/1 uncja/2 łyżki. łyżka masła lub margaryny, stopiona

25g/1 uncja/2 łyżki cukru pudru (bardzo drobny)

30 ml / 2 łyżki śmietanki pojedynczej (jasnej)

75 g/3 uncji/¾ szklanki posiekanych mieszanych orzechów

Ubij żółtka na puszystą pianę, wymieszaj z cukrem na gładką masę, następnie dodaj sok z cytryny, dodaj jedną trzecią marchwi, następnie jedną trzecią migdałów i kontynuuj, aż wszystkie składniki się połączą. Dodaj mąkę i cynamon, ubij białka na sztywną pianę, a następnie wymieszaj je metalową łyżką. Wlać do wysmarowanej tłuszczem i wysypanej bułką tartą formy o średnicy 18 cm/7 cm i piec w nagrzanym piekarniku w temperaturze 180°C/350°F/termostat 4 przez 1 godzinę. Ciasto przykryć luźno papierem do pieczenia (woskiem) i zmniejszyć temperaturę piekarnika do 160°C/325°F/termostat 3 na kolejne 15 minut lub do momentu, aż ciasto lekko zmniejszy się od ścianek formy, a środek będzie jeszcze mokry .

Połącz stopione masło lub margarynę, cukier, śmietanę i orzechy, polej ciasto i piecz na średnim ogniu (brojlery) na złoty kolor.

Ciasto z cukinii i szpiku kostnego

Tworzy ciasto 8 "/20 cm

225 g/8 uncji/1 szklanka cukru pudru (bardzo drobny)

2 ubite jajka

120 ml/4 fl oz/½ szklanki oleju

100g/4oz/1 szklanka mąki pszennej (uniwersalnej)

5ml/1 łyżeczka proszku do pieczenia

2,5 ml/½ łyżeczki proszku do pieczenia (proszek do pieczenia)

2,5 ml / ½ łyżeczki soli

100 g cukinii (cukinia), startej

100 g rozgniecionego ananasa

50 g/2 uncje/½ szklanki orzechów włoskich, posiekanych

5ml/1 łyżeczka esencji waniliowej (ekstrakt)

Ubij cukier i jajka razem, aż będą jasne i dobrze połączone. Dodać olej, a następnie suche składniki. Dodać cukinię, ananasa, orzechy włoskie i esencję waniliową. Wlać do natłuszczonej i posypanej mąką tortownicy o średnicy 20 cm i piec w nagrzanym piekarniku do 180°C/350°F/termostat 4 przez 1 godzinę, aż wykałaczka wbita w środek ciasta wyjdzie na zewnątrz czysty. Pozostaw do ostygnięcia na patelni przez 30 minut przed wyjęciem na metalową podstawkę, aby zakończyć chłodzenie.

Ciasto z cukinii i pomarańczy

Tworzy ciasto 10 "/25 cm

8 uncji / 1 szklanka masła lub margaryny, zmiękczona

450 g/1 lb/2 szklanki miękkiego brązowego cukru

4 jajka, lekko ubite

275 g/10 uncji/2½ szklanki mąki pszennej (uniwersalnej)

15 ml/1 łyżka proszku do pieczenia

2,5 ml / ½ łyżeczki soli

5 ml/1 łyżeczka. mielony cynamon

2,5 ml/½ łyżeczki startej gałki muszkatołowej

Szczypta mielonych goździków

Skórka otarta i sok z 1 pomarańczy

225 g/8 uncji/2 szklanki startej cukinii (cukinia).

Masło lub margarynę utrzeć z cukrem na jasną i puszystą masę. Stopniowo dodawać jajka, następnie mąkę, proszek do pieczenia, sól i przyprawy, na zmianę ze skórką i sokiem z pomarańczy. Dodać cukinię, wymieszać, przełożyć do wysmarowanej tłuszczem i wysypanej bułką tartą formy o średnicy 10/25 cm i piec w nagrzanym piekarniku do 180°C/350°F/termostat 4 przez 1 godzinę, aż będą złociste i miękkie w dotyku. Jeśli pod koniec pieczenia wierzch zacznie się za bardzo brązowić, przykryć pergaminem (woskowanym).

Pikantne Ciasto Cukiniowe

Tworzy ciasto 10 "/25 cm

350g/12oz/3 szklanki mąki pszennej (uniwersalnej)

10 ml / 2 łyżeczki proszku do pieczenia

7,5 ml/1½ łyżeczki. mielony cynamon

5 ml/1 łyżeczka proszku do pieczenia (proszek do pieczenia)

2,5 ml / ½ łyżeczki soli

8 białek jaj

450 g/1 lb/2 szklanki cukru pudru (bardzo drobny)

100 g/1 szklanka musu jabłkowego (sosu)

120 ml/1/2 szklanki maślanki

15 ml/1 łyżka esencji waniliowej (ekstrakt)

5 ml/1 łyżeczka. drobno starta skórka z pomarańczy

350 g/3 szklanki startej cukinii (cukinia).

75 g/3 uncje/¾ szklanki orzechów włoskich, posiekanych

Do dekoracji:

100 g serka śmietankowego

25 g/1 uncja/2 łyżki. łyżki masła lub margaryny, zmiękczone

5 ml/1 łyżeczka. drobno starta skórka z pomarańczy

10ml/2 łyżeczki soku pomarańczowego

350g/12 uncji/2 szklanki cukru pudru (dla cukierników), przesianego

Suche składniki wymieszać ze sobą. Ubij białka, aż utworzą miękkie szczyty. Powoli wmieszaj cukier, następnie mus jabłkowy, maślankę, esencję waniliową i skórkę pomarańczową. Wymieszaj mieszankę mąki, następnie cukinię i orzechy włoskie. Wlać do wysmarowanej tłuszczem i posypanej mąką tortownicy o średnicy 25 cm/10 i piec w nagrzanym piekarniku do 150°C/300°F/termostat 2 przez 1 godzinę, aż wykałaczka wbita w środek ciasta wyjdzie czysta. Pozostaw do ostygnięcia w misce.

Ubij wszystkie składniki na nadzienie, aż będą gładkie i dodaj tyle cukru, aby uzyskać konsystencję nadającą się do smarowania. Wyłożyć na schłodzone ciasto.

Ciasto dyniowe

Ciasto o wymiarach 9" x 13"/23 x 33 cm

450 g/1 lb/2 szklanki cukru pudru (bardzo drobny)

4 ubite jajka

13 uncji / 1½ szklanki oleju

350g/12oz/3 szklanki mąki pszennej (uniwersalnej)

15 ml/1 łyżka proszku do pieczenia

10 ml/2 łyżeczki sody (proszku do pieczenia)

10 ml/2 łyżki. mielony cynamon

2,5 ml/½ łyżeczki. mielonego imbiru

Szczypta soli

8 uncji/225 g gotowanej dyni pokrojonej w kostkę

100 g/1 szklanka orzechów włoskich, posiekanych

Ubij cukier i jajka, aż się połączą, następnie wymieszaj z olejem. Wymieszaj pozostałe składniki. Wlać do wysmarowanej tłuszczem i posypanej mąką formy 23 x 33 cm/9 x 13 i piec w nagrzanym piekarniku w temperaturze 180°C/350°F/termostat 4 przez 1 godzinę, aż wykałaczka wbita w środek wyjdzie z ciasta.

Owocowe ciasto dyniowe

Tworzy ciasto 8 "/20 cm

100g/4oz/½ szklanki masła lub margaryny, zmiękczonej

2/3 szklanki/5 uncji/150 g miękkiego brązowego cukru

2 jajka, lekko ubite

225 g dyni gotowanej na zimno

30 ml/2 łyżki. łyżka złotego syropu (jasna kukurydza)

8 uncji/225 g 1/1/3 szklanki mieszanych suszonych owoców (mix ciasta owocowego)

225 g/8 uncji/2 szklanki mąki samorosnącej (samorosnącej)

50 g/2 uncje/½ szklanki otrębów

Masło lub margarynę utrzeć z cukrem na jasną i puszystą masę. Stopniowo wmieszać jajka, a następnie wymieszać resztę składników.Wlać do wysmarowanej tłuszczem i wyłożonej papierem tortownicy o średnicy 20 cm i piec w nagrzanym piekarniku w temperaturze 160°C/325°F/termostat 3 przez 1,5 godziny, aż wykałaczka włożony na środku wychodzi czysty.

Rolada przyprawowa z dyni

Zrób rolkę 12"/30 cm

75 g/3 oz/¾ szklanki mąki pszennej (uniwersalnej)

5 ml/1 łyżeczka proszku do pieczenia (proszek do pieczenia)

5 ml/1 łyżeczka. mielonego imbiru

2,5 ml/½ łyżeczki startej gałki muszkatołowej

10 ml/2 łyżki. mielony cynamon

Szczypta soli

1 jajko

225 g/8 uncji/1 szklanka cukru pudru (bardzo drobny)

100 g gotowanej dyni pokrojonej w kostkę

5 ml/1 łyżeczka soku z cytryny

4 białka jaj

50 g/2 uncje/½ szklanki orzechów włoskich, posiekanych

1/3 szklanki/2 uncje/50 g cukru pudru (dla cukierników), przesianego

Do nadzienia:
175 g/6 uncji/1 szklanka cukru pudru (dla cukierników), przesianego

100 g serka śmietankowego

2,5 ml/½ łyżeczki esencji waniliowej (ekstraktu)

Wymieszaj mąkę, proszek do pieczenia, przyprawy i sól. Ubij jajko, aż będzie gęste i jasne, a następnie wymieszaj cukier, aż mieszanina będzie jasna i kremowa. Wymieszaj dynię i sok z cytryny Wymieszaj mąkę W czystej misce ubij białka na sztywną pianę. Wymieszaj ciasto i rozłóż je w wysmarowanej tłuszczem i wyłożonej papierem formie do ciasta o wymiarach 30 x 12 cm/12 x 8 i posyp orzechami na wierzchu. Piec w nagrzanym piekarniku w temperaturze 190°C/375°F/termostat 5 przez 10 minut, aż będą miękkie w dotyku. Przesiej cukier puder na czystą ściereczkę (torchon) i obróć ciasto na ściereczce. Usuń papierową wkładkę i zwiń razem ciasto i ściereczkę, a następnie pozostaw do ostygnięcia.

Aby przygotować nadzienie, stopniowo mieszaj cukier z serkiem śmietankowym i esencją waniliową, aż uzyskasz mieszaninę nadającą się do smarowania. Rozwałkuj ciasto i rozłóż nadzienie na wierzchu. Ciasto ponownie rozwałkować i przed podaniem wstawić do lodówki, posypane odrobiną cukru pudru.

Rabarbar i Piernik

Pozwala przygotować dwa ciasta o wadze 1 funta/450 g

250 g/9 uncji/¾ szklanki czystego miodu

100 ml/4 fl oz/½ szklanki oleju

1 jajko

5 ml/1 łyżeczka proszku do pieczenia (proszek do pieczenia)

60 ml/4 łyżki wody

350 g/3 szklanki mąki pełnoziarnistej (pełnoziarnistej)

10 ml/2 łyżeczki soli

350g drobno posiekanego rabarbaru

5ml/1 łyżeczka esencji waniliowej (ekstrakt)

2 uncje / ½ szklanki / 50 g posiekanych mieszanych orzechów (opcjonalnie)

Do dekoracji:

75 g/3 uncji/1/3 szklanki cukru muscovado

5 ml/1 łyżeczka. mielony cynamon

15 g/½ uncji/1 łyżka. łyżki masła lub margaryny, zmiękczone

Wymieszaj miód i olej. Dodać jajko i dobrze ubić. Dodaj proszek do pieczenia do wody i pozwól mu się rozpuścić. Wymieszaj mąkę i sól. Dodać do mieszanki miodu na przemian z mieszanką proszku do pieczenia. Wymieszaj rabarbar, esencję waniliową i orzechy, jeśli używasz. Wlać do dwóch natłuszczonych 450g/1lb foremek na bochenek. Składniki na polewę wymieszać i rozsmarować na cieście. Piec w nagrzanym piekarniku w temperaturze 180°C/350°F/termostat 4 przez 1 godzinę, aż będą sprężyste w dotyku.

Ciasto ze słodkich ziemniaków

Tworzy ciasto o średnicy 23 cm

300g/11 uncji/2¾ szklanki mąki pszennej (uniwersalnej)

15 ml/1 łyżka proszku do pieczenia

5 ml/1 łyżeczka. mielony cynamon

5 ml/1 łyżeczka. startej gałki muszkatołowej

Szczypta soli

350g/12 uncji/1¾ szklanki cukru pudru (bardzo drobny)

13 uncji / 1½ szklanki oleju

60 ml / 4 łyżki przegotowanej wody

4 jajka, oddzielone

8 uncji/225 g słodkich ziemniaków, obranych i grubo startych

100 g/1 szklanka posiekanych mieszanych orzechów

5ml/1 łyżeczka esencji waniliowej (ekstrakt)

Na polewę (glazurę):

8 uncji/11/3 szklanki/225 g cukru pudru (cukierniczego), przesianego

2 uncje/¼ szklanki/50 g masła lub margaryny, miękkiej

250g/9 uncji/1 średni serek śmietankowy

50 g/2 uncje/½ szklanki posiekanych mieszanych orzechów

Szczypta mielonego cynamonu do posypania

Wymieszaj mąkę, proszek do pieczenia, cynamon, gałkę muszkatołową i sól. Ubij cukier i olej razem, następnie dodaj wrzącą wodę i mieszaj, aż dobrze się połączą. Dodaj żółtka jaj i mieszaninę mąki i mieszaj, aż się połączą. Dodaj słodkie ziemniaki, orzechy włoskie i esencję waniliową. Ubij białka na sztywną pianę, a następnie dodaj je do masy. Podzielić na dwie wysmarowane tłuszczem i oprószone mąką foremki o średnicy 9 cm/23 cm i piec w piekarniku nagrzanym do 180°C/termostatu 4 przez 40 minut, aż będą miękkie w dotyku. Pozostaw do ostygnięcia na 5 minut w foremkach, a następnie wyjmij na metalową podstawkę, aby dokończyć studzenie.

Wymieszaj cukier puder, masło lub margarynę i połowę serka śmietankowego. Połowę pozostałego serka śmietankowego rozsmarować na cieście, a następnie rozsmarować lukier na serze. Posmaruj razem ciastka masłem. Rozłóż pozostały serek na wierzchu i posyp orzechami włoskimi i cynamonem przed podaniem.

Włoskie ciasto migdałowe

Tworzy ciasto 8 "/20 cm

1 jajko

150 ml/¼ pt./2/3 szklanki mleka

2,5 ml/½ łyżeczki. esencja migdałowa (ekstrakt)

45ml/3 łyżki. łyżka roztopionego masła

350g/12oz/3 szklanki mąki pszennej (uniwersalnej)

100g/4oz/½ szklanki cukru pudru (bardzo drobny)

10 ml / 2 łyżeczki proszku do pieczenia

2,5 ml / ½ łyżeczki soli

1 białko jajka

100 g/1 szklanka migdałów, posiekanych

W misce ubij jajko, a następnie stopniowo dodawaj mleko, esencję migdałową i roztopione masło, ciągle mieszając. Dodaj mąkę, cukier, proszek do pieczenia i sól i dalej mieszaj, aż masa będzie gładka. Wlać do wysmarowanej tłuszczem i wyłożonej papierem tortownicy o średnicy 8 cali/20 cm. Białka ubić na sztywną pianę, a następnie obficie posmarować wierzch ciasta i posypać migdałami. Piec w nagrzanym piekarniku w temperaturze 220°C/425°F/termostat 7 przez 25 minut, aż będą złociste i miękkie w dotyku.

Tort z migdałami i kawą

Tworzy ciasto o średnicy 23 cm

8 jaj, oddzielone

175g/6 uncji/¾ szklanki cukru pudru (bardzo drobny)

60 ml/4 łyżki mocnej czarnej kawy

175 g/1½ szklanki mielonych migdałów

45 ml/3 łyżki kaszy manny (krem pszeniczny)

100g/4oz/1 szklanka mąki pszennej (uniwersalnej)

Ubij żółtka i cukier, aż będą bardzo gęste i kremowe. Dodaj kawę, zmielone migdały i semolinę i dobrze ubij. Dodaj mąkę, ubij białka na sztywną pianę, a następnie wmieszaj je do masy. Wlać do wysmarowanej masłem tortownicy o średnicy 9 cm/23 cm i piec w nagrzanym piekarniku w temperaturze 180°C/350°F/termostat 4 przez 45 minut, aż będzie sprężysty w dotyku.

Migdał i piernik

Tworzy ciasto 8 "/20 cm

225 g startej marchwi

75 g/3 uncji/¾ szklanki migdałów, posiekanych

2 ubite jajka

100 ml/4 fl oz/½ szklanki czystego miodu

60 ml / 4 łyżki oleju

150 ml/¼ pt./2/3 szklanki mleka

150 g mąki pełnoziarnistej (pełnoziarnistej)

10 ml/2 łyżeczki soli

10 ml/2 łyżeczki sody (proszku do pieczenia)

15 ml/1 łyżeczka mielonego cynamonu

Zmiksuj marchewkę i orzechy włoskie. Ubij jajka z miodem, olejem i mlekiem, a następnie wymieszaj z marchewką. Wymieszaj mąkę, sól, sodę oczyszczoną i cynamon i wymieszaj z mieszanką marchwi. Wlej mieszaninę do wysmarowanej tłuszczem i wyłożonej papierem kwadratowej formy do pieczenia o boku 20 cm i piecz w nagrzanym piekarniku w temperaturze 150°C/termostat 2 przez 1¾ godziny, aż wykałaczka wbita w środek wyjdzie czysta. Przed wyjęciem pozostaw na patelni przez 10 minut do ostygnięcia.

Ciasto migdałowo-cytrynowe

Tworzy ciasto o średnicy 23 cm

1 uncja / ¼ szklanki posiekanych migdałów (posiekanych)

100g/4oz/½ szklanki masła lub margaryny, zmiękczonej

100g/4oz/½ szklanki miękkiego brązowego cukru

2 ubite jajka

100 g/4 uncje/1 szklanka samorosnącej (samorosnącej) mąki

Skórka otarta z 1 cytryny

Na syrop:
75 g/3 oz/1/3 szklanki cukru pudru (bardzo drobny)

45-60 ml/3-4 łyżki soku z cytryny

Natłuścić i wyłożyć tortownicę o średnicy 9/23 cm i posypać dno migdałami. Ubij masło i brązowy cukier razem. Jajka ubić pojedynczo, następnie dodać mąkę i skórkę z cytryny. Wlać do przygotowanej formy i wyrównać powierzchnię. Piec w nagrzanym piekarniku w temperaturze 180°C/350°F/termostat 4 przez 20-25 minut, aż wyrośnie i będzie miękki w dotyku.

W międzyczasie podgrzej cukier puder i sok z cytryny w rondlu, mieszając od czasu do czasu, aż cukier się rozpuści. Wyjmij ciasto z piekarnika i pozostaw do ostygnięcia na 2 minuty, a następnie przełóż na metalową podstawkę spodem do góry. Zalej syropem, a następnie pozostaw do całkowitego ostygnięcia.

Pomarańczowe ciasto migdałowe

Tworzy ciasto 8 "/20 cm

8 uncji / 1 szklanka masła lub margaryny, zmiękczona

225 g/8 uncji/1 szklanka cukru pudru (bardzo drobny)

4 jajka, oddzielone

225 g/8 uncji/2 szklanki mąki pszennej (uniwersalnej)

10 ml / 2 łyżeczki proszku do pieczenia

50 g mielonych migdałów

5 ml/1 łyżeczka. skórka otarta z pomarańczy

Masło lub margarynę utrzeć z cukrem na jasną i puszystą masę. Ubij żółtka, a następnie dodaj mąkę, proszek do pieczenia, mielone migdały i skórkę pomarańczową. Białka ubij na sztywną pianę, a następnie wmieszaj je do masy metalową łyżką. Wlać do wysmarowanej tłuszczem i wyłożonej papierem formy o średnicy 20 cm i piec w nagrzanym piekarniku w temperaturze 180°C/350°F/termostat 4 przez 1 godzinę, aż wykałaczka wbita w środek wyjdzie sucha.

Bogate ciasto migdałowe

Tworzy ciasto 7"/18 cm

100g/4oz/½ szklanki masła lub margaryny, zmiękczonej

2/3 szklanki/150 g cukru pudru (bardzo drobny)

3 jajka, lekko ubite

75 g/3 uncji/¾ szklanki mielonych migdałów

50g/2oz/½ szklanki mąki pszennej (uniwersalnej)

Kilka kropli esencji migdałowej (ekstrakt)

Masło lub margarynę utrzeć z cukrem na jasną i puszystą masę. Stopniowo dodawać jajka, następnie dodać zmielone migdały, mąkę i esencję migdałową. Wlać do wysmarowanej masłem i wyłożonej papierem tortownicy o średnicy 18 cm/7 cm i piec w nagrzanym piekarniku w temperaturze 180°C/350°F/termostat 4 przez 45 minut, aż będzie sprężysty w dotyku.

Szwedzki makaronik

Tworzy ciasto o średnicy 23 cm

100 g/1 szklanka mielonych migdałów

75 g/3 uncji/1/3 szklanki cukru pudru

5ml/1 łyżeczka proszku do pieczenia

2 duże ubite białka jaj

Wymieszaj migdały, cukier i proszek do pieczenia. Mieszaj białka, aż mieszanina będzie gęsta i gładka. Wlać do wysmarowanej tłuszczem i wyłożonej papierem formy do kanapek o średnicy 9/23 cm i piec w nagrzanym do 160°C piekarniku z termostatem 3 przez 20-25 minut, aż wyrośnie i będzie złocistobrązowy. Formować bardzo ostrożnie, ponieważ ciasto jest kruche.

chleb kokosowy

Robi bochenek 450g/1lb

100 g/4 uncje/1 szklanka samorosnącej (samorosnącej) mąki

225 g/8 uncji/1 szklanka cukru pudru (bardzo drobny)

100 g/1 szklanka wiórków kokosowych (rozdrobnionych)

1 jajko

120 ml/4 fl oz/½ szklanki mleka

Szczypta soli

Dobrze wymieszaj wszystkie składniki i wlej do wysmarowanej tłuszczem i wyłożonej papierem do pieczenia formy (450g/1lb). Piec w nagrzanym piekarniku w temperaturze 180°C/350°F/termostat 4 przez ok. 1 godzinę, aż będą złociste i miękkie w dotyku.

ciasto kokosowe

Tworzy ciasto o średnicy 23 cm

75 g/3 uncji/1/3 szklanki masła lub margaryny

150 ml/¼ pt./2/3 szklanki mleka

2 jajka, lekko ubite

225 g/8 uncji/1 szklanka cukru pudru (bardzo drobny)

150 g/5 uncji/1¼ szklanki mąki samorosnącej (samorosnącej)

Szczypta soli

Do dekoracji:
100g/4oz/½ szklanki masła lub margaryny

75 g/3 oz/¾ szklanki wiórków kokosowych (rozdrobnionych)

60 ml/4 łyżeczki czystego miodu

45 ml/3 łyżki mleka

50 g/2 uncje/¼ szklanki miękkiego brązowego cukru

Rozpuścić masło lub margarynę w mleku, a następnie lekko ostudzić. Jajka i cukier puder ubić na jasną i puszystą masę, następnie dodać masło i mleko. Dodać mąkę i sól na dość drobną masę. Wlać do wysmarowanej tłuszczem i wysypanej bułką tartą formy o średnicy 9 cm/23 cm i piec w nagrzanym do 180°C piekarniku z termostatem 4 przez 40 minut, aż będą złociste i miękkie w dotyku.

W międzyczasie w rondelku zagotować składniki nadzienia. Zdjąć blachę z gorącego ciasta i wylać na nią mieszankę polewa. Umieścić pod gorącym brojlerem na kilka minut, aż nadzienie zacznie się rumienić.

Złote ciasto kokosowe

Tworzy ciasto 8 "/20 cm

100g/4oz/½ szklanki masła lub margaryny, zmiękczonej

200 g / 7 uncji / mała 1 szklanka cukru pudru (bardzo drobnego)

200g/7 uncji/1¾ szklanki mąki pszennej (uniwersalnej)

10 ml / 2 łyżeczki proszku do pieczenia

Szczypta soli

6 uncji / ¾ szklanki mleka

3 białka jaj

Do nadzienia i polewy:
1¼ szklanki/150g wiórków kokosowych (rozdrobnionych)

200 g / 7 uncji / mała 1 szklanka cukru pudru (bardzo drobnego)

120 ml/4 fl oz/½ szklanki mleka

120 ml/4 fl oz/½ szklanki wody

3 żółtka

Masło lub margarynę utrzeć z cukrem na jasną i puszystą masę. Dodaj mąkę, proszek do pieczenia i sól do mieszanki, na przemian z mlekiem i wodą, aż powstanie gładkie ciasto. Białka ubij na sztywną pianę, a następnie wmieszaj do ciasta. Podzielić masę na dwie wysmarowane tłuszczem tortownice o średnicy 20 cm i piec w nagrzanym do 180°C piekarniku z termostatem 4 przez 25 minut, aż będą sprężyste w dotyku. Pozostawić do ostygnięcia.

Umieść kokos, cukier, mleko i żółtka w małym rondlu. Podgrzewać na małym ogniu przez kilka minut, ciągle mieszając, aż jajka się zetną. Ostudzić. Połóż ciastka z połową mieszanki kokosowej, a następnie wylej resztę na wierzch.

Ciasto kokosowe

Ciasto o wymiarach 3½ x 7"/9 x 18 cm

100g/4oz/½ szklanki masła lub margaryny, zmiękczonej

175g/6 uncji/¾ szklanki cukru pudru (bardzo drobny)

3 jajka

175 g/6 uncji/1½ szklanki zwykłej mąki (uniwersalnej)

5ml/1 łyżeczka proszku do pieczenia

175 g/6 uncji/1 szklanka rodzynek (złote rodzynki)

120 ml/4 fl oz/½ szklanki mleka

6 zwykłych herbatników (ciasteczek), pokruszonych

100g/4oz/½ szklanki miękkiego brązowego cukru

100 g/1 szklanka wiórków kokosowych (rozdrobnionych)

Masło lub margarynę utrzeć z cukrem pudrem na jasną i puszystą masę. Stopniowo wmieszać dwa jajka, a następnie na przemian z mlekiem dodawać mąkę, proszek do pieczenia i rodzynki. Wlej połowę mieszanki do natłuszczonej i wyłożonej papierem do pieczenia formy (450g/1lb). Wymieszaj pozostałe jajko z bułką tartą, brązowym cukrem i kokosem i posyp na patelnię. Wlać resztę mieszanki i piec w nagrzanym piekarniku w temperaturze 180°C/350°F/termostat 4 przez 1 godzinę. Pozostaw do ostygnięcia na patelni przez 30 minut, a następnie wyjmij na metalową podstawkę, aby dokończyć studzenie.

Ciasto kokosowo-cytrynowe

Tworzy ciasto 8 "/20 cm

100g/4oz/½ szklanki masła lub margaryny, zmiękczonej

75 g/3 uncji/1/3 szklanki miękkiego brązowego cukru

Skórka otarta z 1 cytryny

1 ubite jajko

Kilka kropli esencji migdałowej (ekstrakt)

350 g/12 uncji/3 szklanki mąki samorosnącej (samorosnącej)

60 ml/4 łyżeczki dżemu malinowego (rezerwa)

Do dekoracji:

1 ubite jajko

75 g/3 uncji/1/3 szklanki miękkiego brązowego cukru

225 g/8 uncji/2 szklanki wiórków kokosowych (rozdrobnionych)

Masło lub margarynę, cukier i skórkę z cytryny zmiksować na jasną i puszystą masę. Stopniowo dodawać jajko i esencję migdałową, a następnie mąkę. Wlać masę do wysmarowanej tłuszczem i wysypanej bułką tartą tortownicy o średnicy 20 cm. Wlać dżem na mieszaninę. Składniki na nadzienie wymieszać ze sobą i rozsmarować na cieście. Piec w nagrzanym piekarniku w temperaturze 180°C/350°F/termostat 4 przez 30 minut, aż będą sprężyste w dotyku. Pozostaw do ostygnięcia w misce.

Noworoczne ciasto kokosowe

Tworzy ciasto 7"/18 cm

100g/4oz/½ szklanki masła lub margaryny, zmiękczonej

100g/4oz/½ szklanki cukru pudru (bardzo drobny)

2 jajka, lekko ubite

75 g/3 oz/¾ szklanki mąki pszennej (uniwersalnej)

45ml/3 łyżki. łyżka wiórków kokosowych (tartych)

30ml/2 łyżki rumu

Kilka kropli esencji migdałowej (ekstrakt)

kilka kropli esencji cytrynowej (ekstrakt)

Masło i cukier utrzeć razem na jasną i puszystą masę. Stopniowo dodawaj jajka, następnie mąkę i wiórki kokosowe, dodaj rum i esencje. Wlać do natłuszczonej i wysypanej bułką tartą tortownicy o średnicy 18 cm/7 i wyrównać powierzchnię. Piec w nagrzanym piekarniku w temperaturze 190°C/375°F/termostat 5 przez 45 minut, aż wykałaczka wbita w środek ciasta wyjdzie czysta. Pozostaw do ostygnięcia w misce.

Kokosowe ciasto sułtańskie

Tworzy ciasto o średnicy 23 cm

100g/4oz/½ szklanki masła lub margaryny, zmiękczonej

175g/6 uncji/¾ szklanki cukru pudru (bardzo drobny)

2 jajka, lekko ubite

175 g/6 uncji/1½ szklanki zwykłej mąki (uniwersalnej)

5ml/1 łyżeczka proszku do pieczenia

Szczypta soli

175 g/6 uncji/1 szklanka rodzynek (złote rodzynki)

120 ml/4 fl oz/½ szklanki mleka

Do nadzienia:

1 jajko, lekko ubite

50 g / 2 uncje / ½ szklanki zwykłych okruchów ciasteczek

100g/4oz/½ szklanki miękkiego brązowego cukru

100 g/1 szklanka wiórków kokosowych (rozdrobnionych)

Masło lub margarynę utrzeć z cukrem pudrem na jasną i puszystą masę. Stopniowo dodawać jajka. Wymieszaj mąkę, proszek do pieczenia, sól i rodzynki z wystarczającą ilością mleka, aby uzyskać miękką konsystencję. Wlej połowę masy do wysmarowanej tłuszczem tortownicy o średnicy 9/23 cm. Wymieszaj składniki na polewę i polej mieszaninę, a następnie przykryj pozostałą mieszanką ciasta. Piec w nagrzanym piekarniku w temperaturze 180°C/350°F/termostat 4 przez 1 godzinę, aż będą sprężyste w dotyku i zaczną się kurczyć po bokach formy. Pozostaw do ostygnięcia na patelni przed wyjęciem.

Chrupiące ciasto orzechowe

Tworzy ciasto o średnicy 23 cm

8 uncji / 1 szklanka masła lub margaryny, zmiękczona

225 g/8 uncji/1 szklanka cukru pudru (bardzo drobny)

2 jajka, lekko ubite

225 g/8 uncji/2 szklanki mąki pszennej (uniwersalnej)

2,5 ml/½ łyżeczki proszku do pieczenia (proszek do pieczenia)

2,5 ml/½ łyżeczki kremu z kamienia nazębnego

200 ml/7 uncji/mała 1 szklanka mleka

Do dekoracji:
100 g/1 szklanka posiekanych mieszanych orzechów

100g/4oz/½ szklanki miękkiego brązowego cukru

5 ml/1 łyżeczka. mielony cynamon

Masło lub margarynę utrzeć z cukrem pudrem na jasną i puszystą masę. Stopniowo wbijaj jajka, a następnie mieszaj mąkę, sodę oczyszczoną i krem z kamienia nazębnego na przemian z mlekiem. Wlać do wysmarowanej tłuszczem i wysypanej bułką tartą tortownicy o średnicy 9/23 cm. Orzechy włoskie wymieszać z cukrem i cynamonem i posypać wierzch ciasta. Piec w nagrzanym piekarniku w temperaturze 180°C/350°F/termostat 4 przez 40 minut, aż nabiorą złocistego koloru i odejdą od ścianek formy. Pozostaw do ostygnięcia na patelni przez 10 minut, a następnie wyjmij na metalową podstawkę, aby dokończyć studzenie.

Mieszane ciasto orzechowe

Tworzy ciasto o średnicy 23 cm

100g/4oz/½ szklanki masła lub margaryny, zmiękczonej

225 g/8 uncji/1 szklanka cukru pudru (bardzo drobny)

1 ubite jajko

225 g/8 uncji/2 szklanki mąki samorosnącej (samorosnącej)

10 ml / 2 łyżeczki proszku do pieczenia

Szczypta soli

250 ml/8 uncji/1 szklanka mleka

5ml/1 łyżeczka esencji waniliowej (ekstrakt)

2,5 ml/½ łyżeczki esencji cytrynowej (ekstraktu)

100 g/1 szklanka posiekanych mieszanych orzechów

Masło lub margarynę utrzeć z cukrem na jasną i puszystą masę. Stopniowo dodawaj jajko. Wymieszaj mąkę, drożdże i sól i dodawaj mieszaninę na przemian z mlekiem i esencjami. Wymieszaj orzechy. Przełóż do dwóch wysmarowanych masłem i wyłożonych papierem tortownic o średnicy 9/23 cm i piecz w piekarniku nagrzanym do 180°F/350°F/termostat 4 przez 40 minut, aż wykałaczka wbita w środek wyjdzie czysta.

Greckie ciasto orzechowe

Tworzy ciasto 10 "/25 cm

100g/4oz/½ szklanki masła lub margaryny, zmiękczonej

225 g/8 uncji/1 szklanka cukru pudru (bardzo drobny)

3 jajka, lekko ubite

2¼ szklanki/9 uncji/250 g mąki pszennej (uniwersalnej)

225 g/8 uncji/2 szklanki orzechów włoskich, mielonych

10 ml / 2 łyżeczki proszku do pieczenia

5 ml/1 łyżeczka. mielony cynamon

1,5 ml / ¼ łyżeczki mielonych goździków

Szczypta soli

75 ml/5 łyżek mleka

Na syrop miodowy:

175g/6 uncji/¾ szklanki cukru pudru (bardzo drobny)

75 g/3 uncji/¼ szklanki czystego miodu

15 ml / 1 łyżka soku z cytryny

250 ml/8 fl oz/1 szklanka wrzącej wody

Masło lub margarynę utrzeć z cukrem na jasną i puszystą masę. Stopniowo wbijaj jajka, następnie mąkę, orzechy, proszek do pieczenia, przyprawy i sól. Dodaj mleko i mieszaj do uzyskania gładkiej konsystencji. Wlać do natłuszczonej i oprószonej mąką tortownicy o średnicy 10 cm/25 cm i piec w nagrzanym piekarniku w temperaturze 180°C/350°F/termostat 4 przez 40 minut, aż będzie sprężysty w dotyku. Studzić na patelni przez 10 minut, a następnie przenieść na metalową podstawkę.

Aby przygotować syrop, połącz cukier, miód, sok z cytryny i wodę i podgrzewaj do rozpuszczenia. Ciepłe ciasto nakłuwamy widelcem, polewamy syropem miodowym.

Ciasto Lody Orzechowe

Tworzy ciasto 7 "/18 cm

100g/4oz/½ szklanki masła lub margaryny, zmiękczonej

100g/4oz/½ szklanki cukru pudru (bardzo drobny)

2 jajka, lekko ubite

100 g/4 uncje/1 szklanka samorosnącej (samorosnącej) mąki

100 g/1 szklanka orzechów włoskich, posiekanych

Szczypta soli

Na polewę (glazurę):
450 g/1 lb/2 szklanki cukru pudru

150 ml/¼ pt./2/3 szklanki wody

2 białka jaj

Kilka połówek orzecha włoskiego do dekoracji

Masło lub margarynę utrzeć z cukrem pudrem na jasną i puszystą masę. Stopniowo wmieszać jajka, następnie wymieszać mąkę, orzechy i sól. Podzielić mieszaninę na dwie natłuszczone i wyłożone foremki (formy) o średnicy 18 cm/7 cm i piec w piekarniku nagrzanym do 180°C/350°F/termostat 4 przez 25 minut, aż będzie napęczniałe i sprężyste. Ostudzić.

Rozpuścić granulowany cukier w wodzie na małym ogniu, ciągle mieszając, następnie doprowadzić do wrzenia i dalej gotować bez mieszania, aż kropla mieszaniny utworzy miękką kulę po wrzuceniu do zimnej wody. W międzyczasie ubij białka w czystej misce na sztywną pianę. Wlać syrop na białka jaj i ubijać, aż mieszanina będzie wystarczająco gęsta, aby pokryć tył łyżki. Posmaruj ciastka warstwą lukru, a następnie rozsmaruj resztę na wierzchu i bokach ciasta i udekoruj połówkami orzechów włoskich.

Ciasto orzechowe z kremem czekoladowym

Tworzy ciasto 7 "/18 cm

3 jajka

75 g/3 uncji/1/3 szklanki miękkiego brązowego cukru

50 g mąki pełnoziarnistej (pełnoziarnistej)

25 g/1 uncja/¼ szklanki kakao (niesłodzonej czekolady) w proszku

Na polewę (glazurę):
150g/5 uncji/1¼ szklanki zwykłej czekolady (półsłodkiej)

225 g/8 uncji/1 szklanka niskotłuszczowego serka śmietankowego

45ml/3 łyżki. cukier puder (wyroby cukiernicze) cukier przesiany

75 g/3 uncje/¾ szklanki orzechów włoskich, posiekanych

15 ml/1 łyżeczka koniaku (opcjonalnie)

starta czekolada do dekoracji

Ubij jajko i cukier razem, aż będą jasne i gęste. Wymieszaj mąkę i kakao.Podziel mieszaninę na dwie wysmarowane tłuszczem i wyłożone foremki do kanapek o średnicy 7 cm/18 cm i piecz w piekarniku nagrzanym do 190°C/termostat 5 przez 15-20 minut, aż dobrze wyrośnie i nie będzie sprężyste w dotyku . Wyjąć z foremek i pozostawić do ostygnięcia.

Czekoladę rozpuszczamy w żaroodpornej misce nad garnkiem z gotującą się wodą. Zdjąć z ognia i wymieszać z twarogiem i cukrem pudrem, a następnie wymieszać z orzechami i brandy, jeśli jest używana. Ciasteczka posmarować większością nadzienia, a resztę rozsmarować na wierzchu. Udekorować startą czekoladą.

Ciasto miodowo-cynamonowo-orzechowe

Tworzy ciasto o średnicy 23 cm

225 g/8 uncji/2 szklanki mąki pszennej (uniwersalnej)

10 ml / 2 łyżeczki proszku do pieczenia

5 ml/1 łyżeczka proszku do pieczenia (proszek do pieczenia)

5 ml/1 łyżeczka. mielony cynamon

Szczypta soli

100 g/4 uncje/1 szklanka jogurtu naturalnego

75 ml/5 łyżek oleju

100 g/1/3 szklanki czystego miodu

1 jajko, lekko ubite

5ml/1 łyżeczka esencji waniliowej (ekstrakt)

Do nadzienia:

2 uncje / ½ szklanki / 50 g posiekanych orzechów włoskich

225 g/8 uncji/1 szklanka miękkiego brązowego cukru

10 ml/2 łyżki. mielony cynamon

30 ml / 2 łyżki oleju

Suche składniki na ciasto wymieszać i zrobić w środku zagłębienie. Pozostałe składniki na ciasto wymieszać i wymieszać z suchymi składnikami. Składniki na nadzienie wymieszać. Wlej połowę ciasta do wysmarowanej tłuszczem i posypanej mąką tortownicy o średnicy 9 cm/23 cm i posyp połową nadzienia. Dodać pozostałą część ciasta, a następnie resztę nadzienia. Piec w nagrzanym piekarniku w temperaturze 180°C/350°F/termostat 4 przez 30 minut, aż ładnie wyrosną i złocą się i zaczną kurczyć od boków formy.

Batony migdałowe i miodowe

Daj 10

15 g świeżych drożdży lub 20 ml/4 łyżki. Suche drożdże

45ml/3 łyżki. łyżka cukru pudru (bardzo drobnego)

120 ml/4 fl oz/½ szklanki ciepłego mleka

300g/11 uncji/2¾ szklanki mąki pszennej (uniwersalnej)

Szczypta soli

1 jajko, lekko ubite

2 uncje/¼ szklanki/50 g masła lub margaryny, miękkiej

½ pt/1¼ szklanki/300 ml śmietanki kremówki (gęstej)

30 ml/2 łyżki cukru pudru, przesianego

45 ml/3 łyżki jasnego miodu

2¾ szklanki/300 g płatków migdałowych (posiekanych)

Drożdże wymieszać, 5 ml/1 łyżka stołowa. cukier puder i trochę mleka i odstawić w ciepłe miejsce na 20 minut, aż się spieni. Pozostały cukier wymieszać z mąką i solą i zrobić w środku zagłębienie. Stopniowo dodawać jajka, masło lub margarynę, mieszankę drożdży i pozostałe ciepłe mleko i miksować na miękkie ciasto. Zagnieść na lekko posypanej mąką powierzchni, aż będzie gładkie i elastyczne. Umieścić w naoliwionej misce, przykryć naoliwioną folią spożywczą (folią) i odstawić w ciepłe miejsce na 45 minut, aż podwoi swoją objętość.

Ciasto ponownie zagnieść, następnie rozwałkować i przełożyć do wysmarowanej tłuszczem tortownicy o wymiarach 30 x 20 cm/12 x 8, nakłuć widelcem, przykryć i odstawić w ciepłe miejsce na 10 minut.

Umieścić ½ szklanki/120 ml śmietany, cukier puder i miód w małym rondlu i zagotować. Zdjąć z ognia i wymieszać z migdałami. Rozsmarować na cieście, a następnie piec w nagrzanym piekarniku do 200°C/termostat 6 przez 20 minut, aż będą złociste i sprężyste w dotyku, przykryć pergaminem (woskowanym), jeśli wierzch za bardzo się zarumieni przed końcem pieczenia. Wyjąć formę i pozostawić do ostygnięcia.

Ciasto przekroić poziomo na pół. Pozostałą śmietanę ubić na sztywną pianę i rozsmarować nią spód ciasta. Przykryć połową ciasta posypaną migdałami i pokroić w batony.

Chrupiące batoniki z jabłkami i czarną porzeczką

Daj 12

175 g/6 uncji/1½ szklanki zwykłej mąki (uniwersalnej)

5ml/1 łyżeczka proszku do pieczenia

Szczypta soli

175 g/6 uncji/¾ szklanki masła lub margaryny

225 g/8 uncji/1 szklanka miękkiego brązowego cukru

100 g/1 szklanka płatków owsianych

450 g gotowanych (cierpkich) jabłek, obranych, pozbawionych gniazd nasiennych i pokrojonych w plasterki

30 ml/2 łyżki skrobi kukurydzianej (skrobi kukurydzianej)

10 ml/2 łyżki. mielony cynamon

2,5 ml/½ łyżeczki startej gałki muszkatołowej

2,5 ml/½ łyżeczki. cały pomalowany

225 g czarnej porzeczki

Mąkę wymieszać z proszkiem do pieczenia i solą, dodać masło lub margarynę, cukier i płatki owsiane, połowę wylać na dno wysmarowanej masłem i wyłożonej papierem do pieczenia kwadratowej formy o średnicy 25 cm/9. Wymieszaj jabłka, mąkę kukurydzianą i przyprawy i rozsmaruj na wierzchu. Udekoruj czarną porzeczką. Wlać resztę mieszanki i wyrównać wierzch. Piec w nagrzanym piekarniku w temperaturze 180°C/350°F/termostat 4 przez 30 minut, aż będą elastyczne. Pozostaw do ostygnięcia, a następnie pokrój w batony.

Batony morelowe i owsiane

Daj 24

75 g suszonych moreli

25 g/1 uncja/3 łyżki. łyżki rodzynek (złote rodzynki)

250 ml/8 fl oz/1 szklanka wody

5 ml/1 łyżeczka soku z cytryny

2/3 szklanki/5 uncji/150 g miękkiego brązowego cukru

50 g / 2 uncje / ½ szklanki wiórków kokosowych (rozdrobnionych)

50g/2oz/½ szklanki mąki pszennej (uniwersalnej)

2,5 ml/½ łyżeczki proszku do pieczenia (proszek do pieczenia)

100 g/1 szklanka płatków owsianych

50 g/2 uncje/¼ szklanki roztopionego masła

Dodaj morele, rodzynki, wodę, sok z cytryny i 30 ml/2 łyżki. brązowy cukier w małym rondelku i mieszaj na małym ogniu, aż zgęstnieje. Wymieszać z kokosem i ostudzić. Wymieszaj mąkę, proszek do pieczenia, płatki owsiane i pozostały cukier, a następnie wymieszaj z roztopionym masłem.Wciśnij połowę mieszanki owsianej na dno natłuszczonej kwadratowej formy do pieczenia o wymiarach 8/20 cm, a następnie rozłóż masę morelową na wierzchu. Przykryć pozostałą mieszanką owsianą i lekko docisnąć. Piec w nagrzanym piekarniku w temperaturze 180°C/350°F/termostat 4 przez 30 minut do uzyskania złotego koloru. Pozostaw do ostygnięcia, a następnie pokrój w batony.

Morelowe chrupki

Daje 16

2/3 szklanki/100 g gotowych do spożycia suszonych moreli

120 ml/4 fl oz/½ szklanki soku pomarańczowego

100g/4oz/½ szklanki masła lub margaryny

75 g/3 oz/¾ szklanki mąki pełnoziarnistej (pełnoziarnistej)

75 g/3 uncji/¾ szklanki płatków owsianych

75 g/3 uncji/1/3 szklanki cukru demerara

Namocz morele w soku pomarańczowym przez co najmniej 30 minut, aż zmiękną, następnie odsącz i posiekaj. Masło lub margarynę rozcieramy z mąką, aż masa będzie przypominała bułkę tartą. Wymieszaj płatki owsiane i cukier. Wciśnij połowę masy do wysmarowanej tłuszczem bułki 30 x 20 cm/12 x 8 (puszki na galaretki) i posyp morelami. Rozłóż resztę mieszanki na wierzchu i delikatnie dociśnij. Piec w nagrzanym piekarniku w temperaturze 180°C/350°F/termostat 4 przez 25 minut do uzyskania złotego koloru. Pozostaw do ostygnięcia na patelni przed wyjęciem i pokrojeniem na batony.

Batoniki Bananowo-Orzechowe

Robi około 14

2 uncje/¼ szklanki/50 g masła lub margaryny, miękkiej

75 g/3 uncji/1/3 szklanki brązowego cukru (bardzo drobnego) lub miękkiego brązowego cukru

2 duże banany, posiekane

175 g/6 uncji/1½ szklanki zwykłej mąki (uniwersalnej)

7,5 ml/1½ łyżeczki. proszek do pieczenia

2 ubite jajka

2 uncje / ½ szklanki / 50 g orzechów włoskich, grubo posiekanych

Masło lub margarynę wymieszać z cukrem. Rozgnieć banany i wymieszaj z masą. Wymieszaj mąkę i proszek do pieczenia. Dodaj mąkę, jajka i orzechy do mieszanki bananów i dobrze ubij. Przełożyć do wysmarowanej tłuszczem i wysypanej bułką tartą formy o wymiarach 18 x 28 cm/7 x 11, wyrównać powierzchnię i piec w piekarniku nagrzanym do 160°C/325°F/termostat 3 przez 30 do 35 minut, aż będą miękkie. dotykać. Pozostaw do ostygnięcia na kilka minut na patelni, a następnie przełóż na metalową podstawkę, aby dokończyć studzenie. Pokrój na około 14 batonów.

Amerykańskie brownie

Robi około 15

2 duże jajka

225 g/8 uncji/1 szklanka cukru pudru (bardzo drobny)

2 uncje/¼ szklanki/50 g stopionego masła lub margaryny

2,5 ml/½ łyżeczki esencji waniliowej (ekstraktu)

75 g/3 oz/¾ szklanki mąki pszennej (uniwersalnej)

45 ml/3 łyżki kakao w proszku (niesłodzona czekolada)

2,5 ml/½ łyżeczki proszku do pieczenia

Szczypta soli

2 uncje / ½ szklanki / 50 g orzechów włoskich, grubo posiekanych

Ubij jajka i cukier razem, aż będą gęste i kremowe. Dodaj masło i esencję waniliową. Mąkę, kakao, proszek do pieczenia i sól przesiać i wymieszać z orzechami. Wlać do dobrze wysmarowanej masłem kwadratowej formy o boku 20 cm. Piec w nagrzanym piekarniku w temperaturze 180°C/350°F/termostat 4 przez 40-45 minut, aż będą miękkie w dotyku. Pozostaw na 10 minut na patelni, a następnie pokrój w kwadraty i jeszcze ciepłe przełóż na metalową kratkę.

Czekoladowe brownie z krówkami

Robi około 16

225 g/8 uncji/1 szklanka masła lub margaryny

175 g/6 uncji/¾ szklanki cukru pudru

350 g/12 uncji/3 szklanki mąki samorosnącej (samorosnącej)

30 ml/2 łyżki kakao (niesłodzonej czekolady) w proszku

Na polewę (glazurę):
175 g/6 uncji/1 szklanka cukru pudru (dla cukierników), przesianego

30 ml/2 łyżki kakao (niesłodzonej czekolady) w proszku

Gotująca się woda

Rozpuść masło lub margarynę, a następnie dodaj cukier puder. Wymieszaj mąkę i kakao, przełóż do wyłożonej papierem formy 18 x 28 cm/7 x 11. Piec w nagrzanym piekarniku w temperaturze 180°C/350°F/termostat 4 przez ok. 20 minut, aż będą miękkie w dotyku.

Aby zrobić polewę, przesiej cukier puder i kakao do miski i dodaj kroplę wrzącej wody. Mieszaj, aż dobrze się połączą, dodając kroplę lub więcej wody, jeśli to konieczne. Zamrozić ciasteczka, gdy są jeszcze ciepłe (ale nie gorące), a następnie ostudzić przed pokrojeniem na kwadraty.

Brownie z orzechami i czekoladą

Daj 12

50g/2oz/½ szklanki zwykłej czekolady (półsłodkiej)

75 g/3 uncji/1/3 szklanki masła lub margaryny

225 g/8 uncji/1 szklanka cukru pudru (bardzo drobny)

75 g/3 oz/¾ szklanki mąki pszennej (uniwersalnej)

75 g/3 uncje/¾ szklanki orzechów włoskich, posiekanych

50g/2oz/½ szklanki chipsów czekoladowych

2 ubite jajka

2,5 ml/½ łyżeczki esencji waniliowej (ekstraktu)

Rozpuść czekoladę i masło lub margarynę w żaroodpornej misce ustawionej na garnku z gotującą się wodą. Zdjąć z ognia i wymieszać z pozostałymi składnikami. Wlać do wysmarowanej tłuszczem i wyłożonej papierem do pieczenia formy o średnicy 20 cm i piec w nagrzanym piekarniku w temperaturze 180°C/350°F/termostat 4 przez 30 minut, aż wykałaczka zostanie wbita środek wychodzi czysty. Pozostaw do ostygnięcia na patelni, a następnie pokrój w kwadraty.

Kostki masła

Daje 16

100g/4oz/½ szklanki masła lub margaryny, zmiękczonej

100g/4oz/½ szklanki cukru pudru (bardzo drobny)

1 jajko, oddzielone

100g/4oz/1 szklanka mąki pszennej (uniwersalnej)

25 g/1 uncja/¼ szklanki posiekanych mieszanych orzechów

Masło lub margarynę utrzeć z cukrem na jasną i puszystą masę. Wmieszaj żółtko jaja, następnie wymieszaj mąkę i orzechy włoskie, aby uzyskać dość sztywną mieszankę. Jeśli jest zbyt twarde, dodaj trochę mleka; jeśli płynnie, dodaj trochę więcej mąki. Wlać ciasto do wysmarowanej tłuszczem tortownicy o wymiarach 30 x 20 cm/12 x 8 (forma do pieczenia). Białka ubić na sztywną pianę i rozsmarować na miksturze. Piec w nagrzanym piekarniku w temperaturze 180°C/350°F/termostat 4 przez 30 minut do uzyskania złotego koloru. Pozostaw do ostygnięcia, a następnie pokrój w batony.

Wiśniowo-karmelowa blacha do pieczenia

Daj 12

100 g/4 uncje/1 szklanka migdałów

8 uncji / 1 szklanka glazurowanych wiśni (kandyzowanych), przekrojonych na pół

8 uncji / 1 szklanka masła lub margaryny, zmiękczona

225 g/8 uncji/1 szklanka cukru pudru (bardzo drobny)

3 ubite jajka

100 g/4 uncje/1 szklanka samorosnącej (samorosnącej) mąki

50 g mielonych migdałów

5ml/1 łyżeczka proszku do pieczenia

5 ml/1 łyżeczka. esencja migdałowa (ekstrakt)

Na dno wysmarowanej tłuszczem i wysypanej bułką tartą tortownicy o średnicy 20 cm wysypać migdały i wiśnie. Rozpuść ¼ szklanki/50 g masła lub margaryny z ¼ szklanki/50 g cukru, a następnie zalej wiśnie i orzechy włoskie. Pozostałe masło lub margarynę i cukier ubić na puszystą masę, następnie wbić jajka i wymieszać z mąką, zmielonymi migdałami, proszkiem do pieczenia i esencją migdałową.Wlać masę do formy i wyrównać wierzch. Piec w nagrzanym piekarniku w temperaturze 160°C/325°F/termostat 3 przez 1 godzinę. Pozostaw do ostygnięcia na kilka minut na patelni, a następnie ostrożnie przełóż na metalową kratkę, w razie potrzeby zeskrobując wyściółkę z pergaminu. Pozostawić do całkowitego ostygnięcia przed krojeniem.

Danie z kawałkami czekolady

Daj 24

100g/4oz/½ szklanki masła lub margaryny, zmiękczonej

100g/4oz/½ szklanki miękkiego brązowego cukru

50 g/2 uncje/¼ szklanki cukru pudru (bardzo drobnego)

1 jajko

5ml/1 łyżeczka esencji waniliowej (ekstrakt)

100g/4oz/1 szklanka mąki pszennej (uniwersalnej)

2,5 ml/½ łyżeczki proszku do pieczenia (proszek do pieczenia)

Szczypta soli

100g/4oz/1 szklanka chipsów czekoladowych

Masło lub margarynę utrzeć z cukrem na jasną i puszystą masę, następnie stopniowo dodawać jajka i esencję waniliową. Wymieszaj mąkę, sodę oczyszczoną i sól. Dodaj kawałki czekolady. Wlać do wysmarowanej tłuszczem i posypanej mąką kwadratowej formy o boku 25 cm/12 i piec w nagrzanym piekarniku w temperaturze 190°C/375°F/termostat 2 przez 15 minut do uzyskania złotego koloru. Pozostawić do ostygnięcia, a następnie pokroić w kwadraty.

Warstwa kruszonki cynamonowej

Daj 12

dla bazy:

100g/4oz/½ szklanki masła lub margaryny, zmiękczonej

30 ml/2 łyżki jasnego miodu

2 jajka, lekko ubite

100g/4oz/1 szklanka mąki pszennej (uniwersalnej)

Na kruszonkę:

75 g/3 uncji/1/3 szklanki masła lub margaryny

75 g/3 oz/¾ szklanki mąki pszennej (uniwersalnej)

75 g/3 uncji/¾ szklanki płatków owsianych

5 ml/1 łyżeczka. mielony cynamon

50g/2oz/¼ szklanki cukru demerara

Masło lub margarynę miksujemy razem z miodem na jasną i puszystą masę. Stopniowo dodawaj jajka, a następnie mąkę. Wlej połowę mieszanki do wysmarowanej tłuszczem kwadratowej formy o boku 8 cali/20 cm i wyrównaj powierzchnię.

Aby zrobić kruszonkę, rozetrzyj masło lub margarynę z mąką, aż masa będzie przypominać bułkę tartą. Dodaj płatki owsiane, cynamon i cukier.Wlej połowę kruszonki na patelnię, posyp resztą ciasta, a następnie resztą kruszonki. Piec w nagrzanym piekarniku w temperaturze 190°C/375°F/termostat 5 przez ok. 35 minut, aż wykałaczka wbita w środek wyjdzie czysta. Pozostaw do ostygnięcia, a następnie pokrój w batony.

Cynamonowe Lepkie Batony

Daje 16

225 g/8 uncji/2 szklanki mąki pszennej (uniwersalnej)

10 ml / 2 łyżeczki proszku do pieczenia

225 g/8 uncji/1 szklanka miękkiego brązowego cukru

15 ml / 1 łyżka roztopionego masła

250 ml/8 uncji/1 szklanka mleka

30 ml/2 łyżki cukru demerara

10 ml/2 łyżki. mielony cynamon

25g/1 uncja/2 łyżki masła, schłodzonego i pokrojonego w kostkę

Mąkę, proszek do pieczenia i cukier wymieszać razem. Dodaj stopione masło i mleko i dobrze wymieszaj. Wciśnij mieszaninę do dwóch kwadratowych tortownic o boku 9 cali/23 cm. Wierzch posyp cukrem demerara i cynamonem, a następnie dociśnij kawałki masła do powierzchni. Piec w nagrzanym piekarniku w temperaturze 180°C/350°F/termostat 4 przez 30 minut. Masło zrobi dziury w mieszance i stanie się lepkie podczas gotowania.

Batony kokosowe

Daje 16

75 g/3 uncji/1/3 szklanki masła lub margaryny

100g/4oz/1 szklanka mąki pszennej (uniwersalnej)

30 ml/2 łyżki cukru trzcinowego (bardzo drobnego)

2 jajka

100g/4oz/½ szklanki miękkiego brązowego cukru

Szczypta soli

175 g/6 uncji/1½ szklanki wiórków kokosowych (rozdrobnionych)

50 g/2 uncje/½ szklanki posiekanych mieszanych orzechów

Glazura pomarańczowa

Masło lub margarynę rozcieramy z mąką, aż masa będzie przypominała bułkę tartą. Wmieszaj cukier i wciśnij go do nienatłuszczonej kwadratowej formy 9/23 cm. Piec w nagrzanym piekarniku w temperaturze 190°C/350°F/termostat 4 przez 15 minut, aż się zetnie.

Połącz jajka, cukier i sól, następnie wymieszaj z kokosem i orzechami włoskimi i rozprowadź na spodzie. Piec przez 20 minut, aż się zetną i złocą. Na zimno posmarować lukrem pomarańczowym. Pokroić w batony.

Batony kanapkowe z dżemem kokosowym

Daje 16

25 g/1 uncja/2 łyżki masła lub margaryny

175 g/6 uncji/1½ szklanki mąki samorosnącej (samorosnącej)

225 g/8 uncji/1 szklanka cukru pudru (bardzo drobny)

2 żółtka

75 ml/5 łyżek wody

175 g/6 uncji/1½ szklanki wiórków kokosowych (rozdrobnionych)

4 białka jaj

50g/2oz/½ szklanki mąki pszennej (uniwersalnej)

100 g/1/3 szklanki dżemu truskawkowego (kupionego w sklepie)

Rozetrzeć masło lub margarynę z samorosnącą mąką, dodać 50 g cukru, ubić żółtka z 45 ml/3 łyżek wody i wymieszać. Wciśnij dno wysmarowanej tłuszczem tortownicy o wymiarach 30 x 20 cm/12 x 8 (forma do galaretek) i nakłuj widelcem. Piec w nagrzanym piekarniku w temperaturze 180°C/350°F/termostat 4 przez 12 minut. Ostudzić.

Umieść wiórki kokosowe, resztę cukru i wodę oraz białko jaja w rondlu i mieszaj na małym ogniu, aż masa zgęstnieje bez brązowienia. Ostudzić. Wymieszaj zwykłą mąkę. Ubij pozostałe białka na sztywną pianę, a następnie dodaj je do masy. Dżem rozsmarować na spodzie, a następnie posmarować nadzieniem kokosowym. Piec przez 30 minut do uzyskania złotego koloru. Pozwól mu ostygnąć na patelni przed pokrojeniem na batony.

Taca na daty i jabłka

Daj 12

1 pieczone (ciasto) jabłko, obrane, pozbawione gniazd nasiennych i posiekane

225 g/8 uncji/11/3 szklanki daktyli bez pestek, posiekanych

150 ml/¼ pt./2/3 szklanki wody

350 g/12 uncji/3 szklanki płatków owsianych

6 uncji/¾ szklanki/175 g stopionego masła lub margaryny

45 ml/3 łyżki cukru demerara

5 ml/1 łyżeczka. mielony cynamon

Umieść jabłka, daktyle i wodę na patelni i gotuj na wolnym ogniu przez około 5 minut, aż jabłka zmiękną. Ostudzić. Wymieszaj płatki owsiane, masło lub margarynę, cukier i cynamon. Wlej połowę do wysmarowanej tłuszczem kwadratowej formy o boku 8 cali/20 cm i wyrównaj powierzchnię. Na wierzch wyłożyć mieszankę jabłek i daktylów, następnie przykryć resztą mieszanki owsianej i wyrównać powierzchnię. Naciśnij delikatnie. Piec w nagrzanym piekarniku w temperaturze 190°C/375°F/termostat 5 przez ok. 30 minut na złoty kolor. Pozostaw do ostygnięcia, a następnie pokrój w batony.

Plasterki daty

Daj 12

8 uncji / 11/3 szklanki daktyli bez pestek (bez pestek), posiekanych

30 ml/2 łyżki jasnego miodu

30 ml/2 łyżki soku z cytryny

225 g/8 uncji/1 szklanka masła lub margaryny

225 g/8 uncji/2 szklanki mąki pełnoziarnistej (pełnoziarnistej)

225 g/8 uncji/2 szklanki płatków owsianych

75 g/3 uncji/1/3 szklanki miękkiego brązowego cukru

Dusić daktyle, miód i sok z cytryny na małym ogniu przez kilka minut, aż daktyle będą miękkie. Wcieraj masło lub margarynę z mąką i płatkami owsianymi, aż mieszanina będzie przypominać bułkę tartą, następnie wymieszaj z cukrem. Wlej połowę mieszanki do wysmarowanej tłuszczem i wyłożonej papierem kwadratowym formy (patelni) o boku 20 cm. Wlać mieszankę daktylową na wierzch i wykończyć resztą mieszanki ciasta. Naciśnij mocno. Piec w nagrzanym piekarniku w temperaturze 190°C/375°F/termostat 5 przez 35 minut, aż będą miękkie w dotyku. Pozostaw do ostygnięcia na patelni, pokrój w plasterki, gdy jest jeszcze gorący.

Batoniki Babci

Daje 16

100g/4oz/½ szklanki masła lub margaryny, zmiękczonej

225 g/8 uncji/1 szklanka miękkiego brązowego cukru

2 jajka, lekko ubite

175 g/6 uncji/1½ szklanki zwykłej mąki (uniwersalnej)

2,5 ml/½ łyżeczki proszku do pieczenia (proszek do pieczenia)

5 ml/1 łyżeczka. mielony cynamon

Szczypta mielonych goździków

Szczypta startej gałki muszkatołowej

175 g/1 szklanka daktyli bez pestek (bez pestek), posiekanych

Masło lub margarynę utrzeć z cukrem na jasną i puszystą masę. Stopniowo dodawać jajka, dobrze ubijając po każdym dodaniu. Mieszaj pozostałe składniki, aż dobrze się połączą. Wlać do natłuszczonej i posypanej mąką kwadratowej formy o boku 23 cm i piec w nagrzanym piekarniku do 180°C/350°F/termostat 4 przez 25 minut, aż wykałaczka wbita w środek wyjdzie sucha. Pozostaw do ostygnięcia, a następnie pokrój w batony.

Batony daktylowe i owsiane

Daje 16

175 g/1 szklanka daktyli bez pestek (bez pestek), posiekanych

15 ml / 1 łyżka jasnego miodu

30 ml/2 łyżki wody

225 g/8 uncji/2 szklanki mąki pełnoziarnistej (pełnoziarnistej)

100 g/1 szklanka płatków owsianych

100g/4oz/½ szklanki miękkiego brązowego cukru

2/3 szklanki/5 uncji/150 g masła lub margaryny, roztopionej

Podsmaż daktyle, miód i wodę w małym rondlu, aż daktyle będą miękkie. Wymieszaj mąkę, płatki owsiane i cukier, a następnie wymieszaj z roztopionym masłem lub margaryną. Wciśnij połowę mieszanki do wysmarowanej tłuszczem kwadratowej formy o boku 18 cm, posyp mieszanką daktylową, a następnie przykryj pozostałą mieszanką owsianą i delikatnie dociśnij. Piec w nagrzanym piekarniku w temperaturze 180°C/350°F/termostat 4 przez 1 godzinę, aż będą twarde i złociste. Pozostawić do ostygnięcia na patelni, jeszcze gorące pokroić w batony.

Batony daktylowe i orzechowe

Daj 12

100g/4oz/½ szklanki masła lub margaryny, zmiękczonej

2/3 szklanki/150 g cukru pudru (bardzo drobny)

1 jajko, lekko ubite

100 g/4 uncje/1 szklanka samorosnącej (samorosnącej) mąki

8 uncji / 11/3 szklanki daktyli bez pestek (bez pestek), posiekanych

100 g/1 szklanka orzechów włoskich, posiekanych

15 ml/1 łyżka mleka (opcjonalnie)

100 g/4 oz/1 tabliczka zwykłej czekolady (półsłodkiej)

Masło lub margarynę utrzeć z cukrem na jasną i puszystą masę. Dodaj jajko, następnie mąkę, daktyle i orzechy włoskie, dodaj trochę mleka, jeśli masa jest zbyt twarda. Wlać do natłuszczonej bułki 30 x 20 cm/12 x 8 (forma do pieczenia) i piec w nagrzanym piekarniku w temperaturze 180°C/350°F/termostat 4 przez 30 minut do miękkości. Bądź elastyczny w dotyku. Ostudzić.

Czekoladę rozpuszczamy w żaroodpornej misce nad garnkiem z gotującą się wodą. Rozłóż na mieszance i pozostaw do ostygnięcia i zestalenia. Ostrym nożem pokroić w słupki.

Pałeczki figowe

Daje 16

225 g świeżych fig, posiekanych

30 ml/2 łyżki jasnego miodu

15 ml / 1 łyżka soku z cytryny

225 g/8 uncji/2 szklanki mąki pełnoziarnistej (pełnoziarnistej)

225 g/8 uncji/2 szklanki płatków owsianych

225 g/8 uncji/1 szklanka masła lub margaryny

75 g/3 uncji/1/3 szklanki miękkiego brązowego cukru

Podsmaż figi, miód i sok z cytryny na małym ogniu przez 5 minut. Niech ostygnie lekko. Wymieszaj mąkę i płatki owsiane, następnie wymieszaj masło lub margarynę i wymieszaj z cukrem.Wciśnij połowę mieszanki do wysmarowanej tłuszczem kwadratowej formy o boku 20 cm i wylej na nią mieszankę fig. Przykryć pozostałą mieszanką ciasta i mocno docisnąć. Piec w nagrzanym piekarniku w temperaturze 180°C/350°F/termostat 4 przez 30 minut do uzyskania złotego koloru. Pozostaw do ostygnięcia na patelni, a następnie pokrój jeszcze ciepłe.

Flapjacks

Daje 16

75 g/3 uncji/1/3 szklanki masła lub margaryny

50 g/3 łyżki złotego syropu (jasna kukurydza)

100g/4oz/½ szklanki miękkiego brązowego cukru

175 g/1½ szklanki płatków owsianych

Rozpuść masło lub margarynę z syropem i cukrem, a następnie wymieszaj z płatkami owsianymi. Przełóż do wysmarowanej tłuszczem kwadratowej formy o boku 20 cm i piecz w piekarniku nagrzanym do 180°C/termostat 4 przez około 20 minut, aż lekko się zarumienią. Pozostawić do ostygnięcia nieco przed pokrojeniem na batony, a następnie pozostaw do całkowitego ostygnięcia na patelni przed wyjęciem.

Wiśniowe Flapjacks

Daje 16

75 g/3 uncji/1/3 szklanki masła lub margaryny

50 g/3 łyżki złotego syropu (jasna kukurydza)

100g/4oz/½ szklanki miękkiego brązowego cukru

175 g/1½ szklanki płatków owsianych

100 g/1 szklanka glazurowanych wiśni (kandyzowanych), posiekanych

Rozpuść masło lub margarynę z syropem i cukrem, następnie dodaj płatki owsiane i wiśnie. Włóż do wysmarowanej tłuszczem kwadratowej formy o boku 20 cm i piecz w piekarniku nagrzanym do 180°C/350°F/termostat 4 przez ok. 20 minut, aż się lekko zarumienią. Pozostawić do lekkiego ostygnięcia przed pokrojeniem na batony, a następnie pozostawić do całkowitego ostygnięcia na patelni przed wyjęciem.

Czekoladowe Flapjacks

Daje 16

75 g/3 uncji/1/3 szklanki masła lub margaryny

50 g/3 łyżki złotego syropu (jasna kukurydza)

100g/4oz/½ szklanki miękkiego brązowego cukru

175 g/1½ szklanki płatków owsianych

100g/4oz/1 szklanka chipsów czekoladowych

Rozpuścić masło lub margarynę z syropem i cukrem, następnie wymieszać z płatkami owsianymi i kawałkami czekolady. Wyłożyć do wysmarowanej tłuszczem kwadratowej formy o średnicy 20 cm (formy) i piec w piekarniku nagrzanym do 180°C/350°F/termostat 4 przez ok. 20 minut, aż lekko się zarumienią. Pozostawić do lekkiego ostygnięcia przed pokrojeniem na batony, następnie całkowicie ostudzić w formie przed wyjęciem.

Owocowe Flapjacks

Daje 16

75 g/3 uncji/1/3 szklanki masła lub margaryny

100g/4oz/½ szklanki miękkiego brązowego cukru

50 g/3 łyżki złotego syropu (jasna kukurydza)

175 g/1½ szklanki płatków owsianych

75 g rodzynek, rodzynek lub innych suszonych owoców

Rozpuścić masło lub margarynę z cukrem i syropem, następnie wymieszać z płatkami owsianymi i rodzynkami. Włożyć do wysmarowanej tłuszczem kwadratowej formy o boku 20 cm i piec w piekarniku nagrzanym do 180°C/350°F/termostat 4 przez ok. 20 minut, aż się lekko zarumienią. Pozostawić do lekkiego ostygnięcia przed pokrojeniem na batony, a następnie pozostawić do całkowitego ostygnięcia na patelni przed wyjęciem.

Placuszki owocowo-orzechowe

Daje 16

75 g/3 uncji/1/3 szklanki masła lub margaryny

100 g/1/3 szklanki czystego miodu

50 g/2 uncje/1/3 szklanki rodzynek

50 g/2 uncje/½ szklanki orzechów włoskich, posiekanych

175 g/1½ szklanki płatków owsianych

Rozpuść masło lub margarynę z miodem na małym ogniu. Dodaj rodzynki, orzechy i płatki owsiane i dobrze wymieszaj. Wlać do wysmarowanej tłuszczem kwadratowej formy o wymiarach 9/23 cm i piec w nagrzanym piekarniku w temperaturze 180°C/350°F/termostat 4 przez 25 minut. Pozostawić do ostygnięcia na patelni, jeszcze gorące pokroić w batony.

Imbirowe Flapjacks

Daje 16

75 g/3 uncji/1/3 szklanki masła lub margaryny

100g/4oz/½ szklanki miękkiego brązowego cukru

50 g/3 łyżki syropu ze słoika imbiru

175 g/1½ szklanki płatków owsianych

4 kawałki łodygi imbiru, drobno posiekane

Rozpuść masło lub margarynę z cukrem i syropem, a następnie wymieszaj z płatkami owsianymi i imbirem. Przełóż do wysmarowanej tłuszczem kwadratowej formy o średnicy 20 cm (forma) i piecz w piekarniku nagrzanym do 180°C/350°F/termostat 4 przez ok. . 20 minut, aż lekko się zarumienią.Pozostawić do lekkiego ostygnięcia przed pokrojeniem na batony, a następnie pozostawić do całkowitego ostygnięcia w formie przed wyjęciem.

Flapjacki z orzechami laskowymi

Daje 16

75 g/3 uncji/1/3 szklanki masła lub margaryny

50 g/3 łyżki złotego syropu (jasna kukurydza)

100g/4oz/½ szklanki miękkiego brązowego cukru

175 g/1½ szklanki płatków owsianych

100 g/1 szklanka posiekanych mieszanych orzechów

Rozpuść masło lub margarynę z syropem i cukrem, a następnie wymieszaj z płatkami owsianymi i orzechami. Przełóż do wysmarowanej tłuszczem kwadratowej formy o średnicy 20 cm i piecz w piekarniku nagrzanym do 180°C/350°F/termostat 4 przez ok.. 20 minut, aż lekko się zarumienią. Pozostawić do lekkiego ostygnięcia przed pokrojeniem na batony, a następnie pozostawić do całkowitego ostygnięcia w formie przed wyjęciem.

Kruche ciasto cytrynowe

Daje 16

100g/4oz/1 szklanka mąki pszennej (uniwersalnej)

100g/4oz/½ szklanki masła lub margaryny, zmiękczonej

3 uncje/½ szklanki/75 g cukru pudru (cukierniczego), przesianego

2,5 ml/½ łyżeczki proszku do pieczenia

Szczypta soli

30 ml/2 łyżki soku z cytryny

10 ml/2 łyżki. skórka otarta z cytryny

Mąkę, masło lub margarynę wymieszać z cukrem pudrem i proszkiem do pieczenia. Włożyć do wysmarowanej tłuszczem kwadratowej formy o wymiarach 9/23 cm i piec w nagrzanym piekarniku do 180°C/350°F/termostat 4 przez 20 minut.

Pozostałe składniki wymieszać i ubijać na jasną i puszystą masę. Wylej na ciepły spód, zmniejsz temperaturę piekarnika do 160°C/325°F/termostat 3 i ponownie włóż do piekarnika na kolejne 25 minut, aż będzie sprężysty w dotyku. Pozostawić do ostygnięcia, a następnie pokroić w kwadraty.

Mokka i kokosowe kwadraty

Daj 20

1 jajko

100g/4oz/½ szklanki cukru pudru (bardzo drobny)

100g/4oz/1 szklanka mąki pszennej (uniwersalnej)

10 ml / 2 łyżeczki proszku do pieczenia

Szczypta soli

75 ml/5 łyżek mleka

75 g/3 uncji/1/3 szklanki masła lub margaryny, roztopionej

15 ml/1 łyżka kakao w proszku (niesłodzona czekolada)

2,5 ml/½ łyżeczki esencji waniliowej (ekstraktu)

Do dekoracji:

3 uncje/½ szklanki/75 g cukru pudru (cukierniczego), przesianego

2 uncje/¼ szklanki/50 g stopionego masła lub margaryny

45 ml/3 łyżki mocnej, gorącej czarnej kawy

15 ml/1 łyżka kakao w proszku (niesłodzona czekolada)

2,5 ml/½ łyżeczki esencji waniliowej (ekstraktu)

25 g/1 uncja/¼ szklanki wiórków kokosowych (rozdrobnionych)

Jajka i cukier ubić na jasną i puszystą masę. Dodać mąkę, proszek do pieczenia i sól na przemian z mlekiem i roztopionym masłem lub margaryną. Dodać kakao i esencję waniliową. Wlej mieszaninę do wysmarowanej tłuszczem kwadratowej formy (formy) o boku 20 cm i piecz w piekarniku nagrzanym do 200°C/400°F/termostat 6 przez 15 minut, aż ciasto dobrze wyrośnie i nie będzie sprężyste.

Do nadzienia miesza się cukier puder, masło lub margarynę, kawę, kakao i esencję waniliową. Rozsmarować na ciepłym cieście i posypać wiórkami kokosowymi. Zostawić do ostygnięcia w blaszce, następnie wyjąć z formy i pokroić w kwadraty.

Witaj Dolly Cookies

Daje 16

100g/4oz/½ szklanki masła lub margaryny

100 g/1 szklanka herbatników trawiennych

(graham krakers) okruchy

100g/4oz/1 szklanka chipsów czekoladowych

100 g/1 szklanka wiórków kokosowych (rozdrobnionych)

100 g/1 szklanka orzechów włoskich, posiekanych

400g/14 uncji/1 duża puszka mleka skondensowanego

Rozpuść masło lub margarynę i wymieszaj z okruchami ciasteczek. Wciśnij masę na dno natłuszczonej i wyłożonej folią tortownicy o wymiarach 28 x 18 cm/11 x 7 (forma). Posyp wiórkami czekoladowymi, następnie wiórkami kokosowymi, a na koniec orzechami włoskimi. Wlać skondensowane mleko na wierzch i piec w nagrzanym piekarniku do 180°C/350°F/termostat 4 przez 25 minut. Pokrój na batoniki, gdy są jeszcze ciepłe, a następnie pozostaw do całkowitego ostygnięcia.

Kokosowo-czekoladowe batony orzechowe

Daj 12

75 g/3 uncji/¾ szklanki mlecznej czekolady

75 g/3 oz/¾ szklanki zwykłej czekolady (półsłodkiej)

75 g/3 uncji/1/3 szklanki chrupiącego masła orzechowego

75 g/¾ szklanki okruchów krakersów trawiennych (krakersy graham)

75 g/3 uncje/¾ szklanki orzechów włoskich, posiekanych

75 g/3 oz/¾ szklanki wiórków kokosowych (rozdrobnionych)

75 g/3 uncji/¾ szklanki białej czekolady

Rozpuść mleczną czekoladę w żaroodpornej misce nad garnkiem z wrzącą wodą. Rozsmarować na dnie kwadratowej formy o boku 23 cm/7 i odstawić do wyrośnięcia.

Delikatnie rozpuść ciemną czekoladę i masło orzechowe na małym ogniu, a następnie wymieszaj z okruchami ciastek, orzechami i kokosem. Rozsmaruj stwardniałą czekoladę i wstaw do lodówki, aż stwardnieje.

Rozpuść białą czekoladę w żaroodpornej misce nad garnkiem z wrzącą wodą. Posyp ciastka we wzór, a następnie odstaw przed pokrojeniem na batony.

Kwadratowe orzechy laskowe

Daj 12

75 g/3 oz/¾ szklanki zwykłej czekolady (półsłodkiej)

2 uncje/¼ szklanki/50 g masła lub margaryny

100g/4oz/½ szklanki cukru pudru (bardzo drobny)

2 jajka

5ml/1 łyżeczka esencji waniliowej (ekstrakt)

75 g/3 oz/¾ szklanki mąki pszennej (uniwersalnej)

2,5 ml/½ łyżeczki proszku do pieczenia

100 g/1 szklanka posiekanych mieszanych orzechów

Czekoladę rozpuszczamy w żaroodpornej misce nad garnkiem z gotującą się wodą. Mieszać, aż masło się roztopi, następnie wymieszać z cukrem. Zdjąć z ognia i wymieszać z jajkami i esencją waniliową. Dodać mąkę, proszek do pieczenia i orzechy. Wlać mieszaninę do wysmarowanej tłuszczem kwadratowej formy o średnicy 25 cm/10 i piec w w nagrzanym piekarniku do 180°C/350°F/termostat 4 na 15 minut do uzyskania złotego koloru. Jeszcze ciepłe kroimy na małe kwadraty.

Pomarańczowe Pekan Plasterki

Daje 16

375 g/13 uncji/3¼ szklanki mąki pszennej (uniwersalnej)

10 uncji/275 g/1¼ szklanki cukru pudru (bardzo drobny)

5ml/1 łyżeczka proszku do pieczenia

75 g/3 uncji/1/3 szklanki masła lub margaryny

2 ubite jajka

6 uncji / ¾ szklanki mleka

1 mała puszka/200g mandarynek, odsączonych i grubo posiekanych

100 g/1 szklanka orzechów pekan, posiekanych

Drobno starta skórka z 2 pomarańczy

10 ml/2 łyżki. mielony cynamon

Wymieszaj 3 filiżanki/12 uncji/325 g mąki, 1 szklanka/225 g cukru i proszek do pieczenia. Rozpuść ¼ szklanki/50 g masła lub margaryny i wymieszaj z jajkami i mlekiem. Delikatnie wymieszaj płyn z suchymi składnikami, aż będą gładkie. Wymieszaj mandarynki, orzechy pekan i skórkę pomarańczową. Wlej do wysmarowanej tłuszczem i wyłożonej papierem formy 30 x 20 cm/12 x 8 (blacha). Wcieramy pozostałą mąkę, cukier, masło i cynamon i posypujemy ciasto. Piec w nagrzanym piekarniku w temperaturze 180°C/350°F/termostat 4 przez 40 minut do uzyskania złotego koloru. Pozostaw do ostygnięcia na patelni, a następnie pokrój na około 16 plasterków.

Parking

Tworzy 16 kwadratów

100 g smalcu (krótki)

100g/4oz/½ szklanki masła lub margaryny

75 g/3 uncji/1/3 szklanki miękkiego brązowego cukru

100 g/1/3 szklanki złotego syropu (jasna kukurydza)

100 g/1/3 szklanki melasy z czarnego paska (melasy)

10 ml/2 łyżeczki sody (proszku do pieczenia)

150 ml/¼ pt./2/3 szklanki mleka

225 g/8 uncji/2 szklanki mąki pełnoziarnistej (pełnoziarnistej)

225 g/8 uncji/2 szklanki płatków owsianych

10 ml/2 łyżki. mielonego imbiru

2,5 ml / ½ łyżeczki soli

Smalec, masło lub margarynę, cukier, syrop i melasę rozpuszczamy na patelni. Rozpuść sodę oczyszczoną w mleku i wymieszaj na patelni z resztą składników. Wlać do wysmarowanej tłuszczem i posypanej mąką kwadratowej formy o boku 20 cm i piec w nagrzanym do 160°C piekarniku z termostatem 3 przez 1 godzinę, aż się zetnie. Środek może być płynny. Pozostawić do ostygnięcia, a następnie przechowywać przez kilka dni w hermetycznym pojemniku przed pokrojeniem na kwadraty i podaniem.

batoniki z masłem orzechowym

Daje 16

100 g/4 oz/1 szklanka masła lub margaryny

175 g/6 uncji/1¼ szklanki mąki pszennej (uniwersalnej)

175 g/6 uncji/¾ szklanki miękkiego brązowego cukru

75 g/3 uncje/1/3 szklanki masła orzechowego

Szczypta soli

1 małe żółtko, ubite

2,5 ml/½ łyżeczki esencji waniliowej (ekstraktu)

100 g/4 oz/1 tabliczka zwykłej czekolady (półsłodkiej)

2 oz/50 g dmuchanych ziaren ryżu

Masło lub margarynę rozcieramy z mąką, aż masa będzie przypominała bułkę tartą. Wymieszaj cukier, 2 łyżki/30 ml masła orzechowego i sól. Dodaj żółtko jaja i esencję waniliową i mieszaj do połączenia. Wydrukuj w formacie 25 cm/10 cali. kwadratowy kształt (kształt). Piec w nagrzanym piekarniku w temperaturze 160°C/325°F/termostat 3 przez 30 minut, aż wyrośnie i będzie miękki w dotyku.

Czekoladę rozpuszczamy w żaroodpornej misce nad garnkiem z gotującą się wodą. Zdjąć z ognia i wymieszać z pozostałym masłem orzechowym. Domieszać płatki i dobrze wymieszać, aż pokryją się mieszanką czekolady. Wylać na ciasto i wyrównać powierzchnię. Pozostawić do ostygnięcia, a następnie schłodzić i pokroić w batoniki.

Plasterki piknikowe

Daj 12

225 g/8 uncji/2 szklanki zwykłej czekolady (półsłodkiej)

2 uncje/¼ szklanki/50 g masła lub margaryny, miękkiej

100 g/4 uncji/½ szklanki cukru pudru

1 jajko, lekko ubite

100 g/1 szklanka wiórków kokosowych (rozdrobnionych)

50 g/1/3 szklanki rodzynek (złote rodzynki)

2 uncje/50 g/¼ szklanki glazurowanych wiśni (kandyzowanych), posiekanych

Czekoladę rozpuszczamy w żaroodpornej misce nad garnkiem z gotującą się wodą. Wlać na dno wysmarowanej tłuszczem i wyłożonej papierem formy do ciasta 30 x 20 cm/12 x 8 (forma do galaretek). Masło lub margarynę utrzeć z cukrem na jasną i puszystą masę. Stopniowo dodawać jajko, następnie wymieszać z wiórkami kokosowymi, rodzynkami i wiśniami.Posmarować czekoladę i piec w piekarniku nagrzanym do 150°C/300°F/termostat 3 przez 30 minut, aż uzyska złoty kolor. Pozostaw do ostygnięcia, a następnie pokrój w batony.

Batony ananasowo-kokosowe

Daj 20

1 jajko

100g/4oz/½ szklanki cukru pudru (bardzo drobny)

75 g/3 oz/¾ szklanki mąki pszennej (uniwersalnej)

5ml/1 łyżeczka proszku do pieczenia

Szczypta soli

75 ml/5 łyżek wody

Do dekoracji:

200g/7 uncji/1 mała puszka ananasa, odsączonego i posiekanego

25 g/1 uncja/2 łyżki masła lub margaryny

50 g/2 uncje/¼ szklanki cukru pudru (bardzo drobnego)

1 żółtko

25 g/1 uncja/¼ szklanki wiórków kokosowych (rozdrobnionych)

5ml/1 łyżeczka esencji waniliowej (ekstrakt)

Jajka i cukier ubić na jasną i jasną masę. Dodaj mąkę, proszek do pieczenia i sól na przemian z wodą. Wlać do wysmarowanej tłuszczem i posypanej mąką kwadratowej formy o wymiarach 7 cm/18 cm i piec w nagrzanym do 200°C piekarniku z termostatem 6 przez 20 minut, aż ciasto będzie dobrze wyrośnięte i sprężyste w dotyku. Gorące ciasto wyłożyć ananasem. Podgrzej pozostałe składniki polewy w małym rondlu na małym ogniu, ciągle mieszając, aż dobrze się połączą, ale nie pozwól, aby mieszanina się zagotowała. Polać ananasem i ponownie wstawić ciasto do piekarnika na kolejne 5 minut, aż polewa będzie złocistobrązowa. Zostawić do ostygnięcia na 10 minut w foremce,

Ciasto śliwkowe

Daje 16

15 g świeżych drożdży lub 20 ml/4 łyżki. Suche drożdże

50 g/2 uncje/¼ szklanki cukru pudru (bardzo drobnego)

¼ pt/150 ml/2/3 szklanki ciepłego mleka

2 uncje/¼ szklanki/50 g stopionego masła lub margaryny

1 jajko

1 żółtko

2¼ szklanki/9 uncji/250 g mąki pszennej (uniwersalnej)

5 ml/1 łyżeczka. drobno starta skórka z cytryny

675 g śliwek, poćwiartowanych i bez pestek

Flormelis (wyroby cukiernicze), przesiane, do suszenia

Mielony cynamon

Drożdże wymieszać z 5 ml/1 łyżeczka. cukru i trochę ciepłego mleka i odstawić w ciepłe miejsce na 20 minut, aż się spieni. Pozostały cukier i mleko utrzeć z roztopionym masłem lub margaryną, jajkiem i żółtkiem. Wsyp mąkę i skórkę z cytryny do miski i zrób wgłębienie na środku. Stopniowo mieszaj mieszaninę drożdży i mieszaninę jaj, aby uzyskać miękkie ciasto. Ubijaj, aż ciasto będzie bardzo gładkie, a na powierzchni zaczną tworzyć się bąbelki. Ostrożnie przełożyć do natłuszczonej i oprószonej mąką kwadratowej formy o średnicy 25 cm/10. Ułóż żółtka blisko siebie na wierzchu ciasta. Przykryć naoliwioną folią spożywczą (folią) i odstawić w ciepłe miejsce na 1 godzinę do podwojenia objętości. Wstawić do nagrzanego piekarnika do 200°C/400°F/termostat 6, a następnie natychmiast zmniejszyć temperaturę piekarnika do 190°C/375°F/termostat 5 i piec przez 45 minut. Ponownie zmniejsz temperaturę piekarnika do 180°C/350°F/termostat 4 i piecz przez kolejne 15 minut, aż się zarumienią. Jeszcze ciepłe ciasto posyp cukrem pudrem i cynamonem, następnie ostudź i pokrój w kwadraty.

www.ingramcontent.com/pod-product-compliance
Lightning Source LLC
Chambersburg PA
CBHW071430080526
44587CB00014B/1787